在**新征程**上
奋力谱写四川发展新篇章
专题研究

裴泽庆 / 主编

西南财经大学出版社

中国·成都

图书在版编目(CIP)数据

在新征程上奋力谱写四川发展新篇章专题研究/裴泽庆主编.—成都:西南财经大学出版社,2023.5

ISBN 978-7-5504-5722-5

Ⅰ.①在… Ⅱ.①裴… Ⅲ.①区域经济发展—研究报告—四川②社会发展—研究报告—四川 Ⅳ.①F127.71

中国国家版本馆 CIP 数据核字(2023)第 054189 号

在新征程上奋力谱写四川发展新篇章专题研究

ZAI XINZHENGCHENG SHANG FENLI PUXIE SICHUAN FAZHAN XINPIANZHANG ZHUANTI YANJIU

裴泽庆　主编

策划编辑:李玉斗
责任编辑:李琼
责任校对:李思嘉
封面设计:墨创文化
责任印制:朱曼丽

出版发行	西南财经大学出版社(四川省成都市光华村街 55 号)
网　　址	http://cbs.swufe.edu.cn
电子邮件	bookcj@swufe.edu.cn
邮政编码	610074
电　　话	028-87353785
照　　排	四川胜翔数码印务设计有限公司
印　　刷	成都市火炬印务有限公司
成品尺寸	170mm×240mm
印　　张	12.5
字　　数	216 千字
版　　次	2023 年 5 月第 1 版
印　　次	2023 年 5 月第 1 次印刷
书　　号	ISBN 978-7-5504-5722-5
定　　价	68.00 元

总　序

　　在全省上下深入学习贯彻四川省第十二次党代会精神，喜迎党的二十大胜利召开之际，2022 年 6 月 7 日至 10 日，习近平总书记来川视察指导，这是党的十九大以来习近平总书记第二次到四川考察调研。习近平总书记在川视察期间，深入农村、文物保护单位、学校、企业等进行调研，看望慰问干部群众，面对面指导治蜀兴川事业发展，一路殷殷嘱托、一路悉心指导，为四川发展把脉定向、为民生福祉倾注心力，对做好当前和今后一个时期四川工作提出重要要求，在巴蜀大地镌刻领袖的光辉印记，留下了宝贵的精神财富，充分体现了习近平总书记浓浓的"四川情结"和深厚的为民情怀，给予四川广大党员干部和群众莫大的鼓舞和激励，进一步激发了迈步新征程、建功新时代的信心决心，有力推动治蜀兴川再上新台阶，在新征程奋力谱写四川发展新篇章。

　　四川省第十二次党代会是在迈步全面建设社会主义现代化四川新征程、喜迎党的二十大的关键时刻召开的一次十分重要的会议。大会实事求是地总结了过去五年工作，对思想引领进行了旗帜鲜明的阐释，对未来发展进行了科学系统的谋划，对重点任务进行了务实精准的部署，是一次高举旗帜、维护核心、继往开来、催人奋进的大会。四川省党校（行政学院）系统自觉把学习贯彻习近平总书记来川视察重要指示精神和学习贯彻四川省第十二次党代会精神结合起来，以对标看齐抓落实的政治自觉、思想自觉和行动自觉，坚定用党的创新理论凝心铸魂，立足四川实际，胸怀"国之大者"，切实把对习近平新时代中国特色社会主义思想和习近平总书记对四川工作系列重要指示精神的学习研究成果转化为推动高质量发展的前进动力，着力推动中央、四川省委各项战略决策部署落地落实，让党的创新理论武装不断在四川走深走实。

　　《中国共产党党校（行政学院）工作条例》指出，党校（行政学院）是党的思想理论建设的重要阵地，是党和国家的哲学社会科学研究机构和重要智库，必须高举中国特色社会主义伟大旗帜，坚持以习近平新时代中国特色社会主义思想为指导，增强"四个意识"、坚定"四个自信"、拥护"两个确立"、做到"两个维护"，落实新时代党的建设总要求，紧紧围绕党和国家工作大局，以培养造就忠诚干净担当的高素质专业化干部队伍为主要目标，发挥干部培训、思想引领、理论建设、决策咨询作用，为新时代坚持和发展中国特色社会主义服务。中共四川省委党校（四川行政学院）始终坚持"党校姓党"根本政治原则，始终做到党中央和四川省委决策部署安排到哪里，科学研究就跟进到哪里。为贯彻落实党中央和四川省委决策部署，习近平总书记来川视察后，校（院）赓即组织科研骨干力量，围绕习近平总书记来川视察重要指示精神和习近平总书记对四川系列指示精神开展研究，注重理论联系实际，强化问题导向，从习近平总书记来川视察的重大意义、方向指引、四川实践、未来谋划等角度进行了理论思考和系统研究，形成了《在新征程上奋力谱写四川发展新篇章专题研究》，强化了理论支撑，找准了实践转化桥梁，为奋力写好中国式现代化的四川篇章，为全面建设社会主义现代化国家、全面推进中华民族伟大复兴贡献了党校的智慧和力量。

《在新征程上奋力谱写四川发展新篇章专题研究》中的 26 篇研究成果，由四川省党校行政学院系统的 28 位专家或教研骨干完成，其中四川省委党校（行政学院）15 位、市（州）党校（行政学院）13 位。本书包括总论、上中下篇 4 个部分。总论《深刻领会习近平总书记来川视察指导重大意义》，从充分彰显大国领袖对党和人民事业永续发展的战略擘画和深邃思考、充分彰显党的创新理论和总书记重要指示对新时代治蜀兴川的科学指引和强大支撑等四个维度，深刻阐述了习近平总书记来川视察的重大意义。上篇中《在新时代打造更高水平的"天府粮仓"》《推动高校毕业生就业创业工作》等 11 篇文章，从历史、逻辑、实践三个维度，深刻阐释了新时代治蜀兴川的方向指引和根本遵循。中篇中《深刻认识和把握新时代治蜀兴川重大成就》《站在更高起点上谋划四川发展》《生态文明建设的四川实践》等 8 篇文章，围绕四川经济社会发展成就等方面，系统阐述了四川贯彻落实习近平总书记提出的"五个着力"的生动实践。下篇中《以成渝地区双城经济圈建设引领高水平区域协调发展》《建设支撑高质量发展的现代化经济体系》《朝着共同富裕目标持续增进民生福祉》等 7 篇文章，紧紧围绕四川省第十二次党代会总体谋划提出的"突出成渝地区双城经济圈这一战略牵引"进行研究，系统思考了新时代治蜀兴川的总体谋划。26 篇研究成果，均按照"总分"结构布局，既逻辑严密，又自成体系，既站位高远，又结合实际，是学习宣传贯彻落实习近平总书记来川视察重要指示精神和四川省第十二次党代会精神的精品力作。

理论研究永无止境、实践探索永不止步。当前党校事业发展正处于高质量发展的黄金期、着力解决各种问题的攻坚期和增强党校影响力的提升期，让我们深入学习贯彻习近平总书记来川视察重要指示精神和四川省第十二次党代会精神，以永不懈怠的精神状态和一往无前的奋斗姿态，脚踏实地、真抓实干，踔厉奋发、勇毅前行，为奋力推动治蜀兴川再上新台阶，在全面建设社会主义现代化国家新征程上奋力谱写四川发展新篇章贡献更多党校智慧力量。

裴泽庆

2022 年 9 月

目　录

总论

上篇　新时代治蜀兴川的方向指引和根本遵循

中篇　贯彻"五个着力"要求　推动治蜀兴川再上新台阶

下篇　新时代治蜀兴川的总体谋划

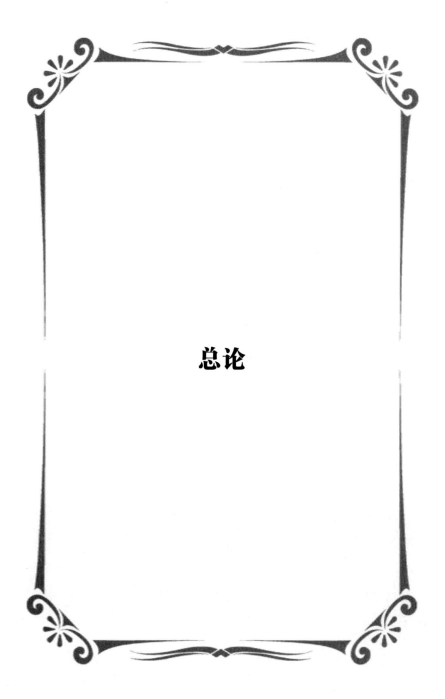

总论

深刻领会习近平总书记
来川视察指导重大意义

　　党的十八大以来，习近平总书记从党和国家战略全局出发，对四川工作作出系列重要指示，提出推动治蜀兴川再上新台阶的明确要求，系统阐明了四川发展"怎么看、怎么办、怎么干"等一系列重大问题，为新时代治蜀兴川提供了方向指引。我们要深入学习贯彻习近平总书记对四川工作系列重要指示精神，一项一项落实、一件一件推进，坚决把领袖的深切关怀转化为奋进力量，把领袖的殷殷嘱托转化为自觉行动，把领袖的战略擘画转化为美好现实！

　　——《高举习近平新时代中国特色社会主义思想伟大旗帜 团结奋进全面建设社会主义现代化四川新征程——在中国共产党四川省第十二次代表大会上的报告》

　　党的十八大以来，中国特色社会主义进入新时代，四川发展也站在了新的历史起点上。站在更高起点谋划工作、奋力谱写四川发展新篇章，是习近平总书记对四川工作的总体要求和殷殷嘱托。2022 年 6 月，在四川全省上下深入学习贯彻省第十二次党代会精神、喜迎党的二十大胜利召开的重要时刻，习近平总书记来川视察指导，为四川发展把脉定向、为民生福祉倾注心力、为党和国家事业领航掌舵，充分彰显大国领袖对党和人民事业永续发展的战略擘画和深邃思考，充分彰显党的创新理论和习近平总书记重要指示对新时代治蜀兴川的科学指引和强大支撑，充分彰显习近平总书记浓浓"四川情结"和深厚的为民情怀，极大鼓舞和激发了全省党员干部群众团结奋进、建功立业的信心决心，对于推动新征程上全面建设社会主义现代化四川具有重大而深远的意义。

**　　一、充分彰显大国领袖对党和人民事业永续发展的战略擘画和深邃思考**

　　中国特色社会主义是实现中华民族伟大复兴的必由之路。党的十八大以来，习近平总书记就新时代坚持和发展什么样的中国特色社会主义、怎样坚持和发展中国特色社会主义,建设什么样的社会主义现代化强国、怎样建设社会主义现代化强国,建设什么样的长期执政的马克思主义政党、怎样建设长期执政的马克思主义政党等重大时代课题作出深邃思考和科学判断,提出一系列原创性的治国理政新理念新思想新战略。2018年1月5日,习近平总书记在新进中央委员会的委员、候补委员和省部级主要领导干部学习贯彻习近平新时代中国特色社会主义思想和党的十九大精神研讨班开班式上深刻指出,中国特色社会主义是在改革开放40年的伟大实践中得来的,是在中华人民共和国成立近70年的持续探索中得来的,是在我们党领导人民进行伟大社会革命97年的实践中得来的,是在近代以来中华民族由衰到盛170多年的历史进程中得来的,是对中华文明5 000多年的传承发展中得来的。这"五个得来"是用大历史观深入思考中国特色社会主义的思想成果,是马克思主义基本原理与中国具体实际相结合、与中华优秀传统文化相结合的理论成果,时刻提醒我们牢记:中国特色社会主义不是从天上掉下来的,是党和人民历经千辛万苦、付出各种代价取得的宝贵成果和根本成就,必须倍加珍惜并不断创新、接续传承、永续发展。

四川是改革开放发源地、新高地,也是中国发展的缩影。党的十八大以来,习近平总书记先后对四川工作作出系列重要指示批示,集中体现在七个方面:一是强调四川要站在更高起点上谋划发展;二是强调要发挥独特优势,更好服务国家发展全局;三是强调要巩固拓展脱贫攻坚成果;四是强调要着力保障和改善民生;五是强调要把生态文明建设这篇大文章写好;六是强调要巩固实现稳藏安康的战略要地;七是强调要把党的政治建设摆在突出位置。置于中国特色社会主义发展进程看,这七个方面的重要要求实际上是从"新时代坚持和发展什么样的中国特色社会主义、怎样坚持和发展中国特色社会主义"的战略高度对四川工作提出的总体要求,是对新时代更好谱写中国特色社会主义现代化四川新篇章的战略擘画,是"五位一体"总体布局和"四个全面"战略布局在四川的逻辑展开和具体化。

中国共产党是当代中国最高政治领导力量,肩负着为人民谋幸福、为民族谋复兴的历史使命。新时代坚持和发展中国特色社会主义,是一场党领导人民实现社会主义现代化和民族复兴的波澜壮阔的伟大实践,也是一场代代相传、薪火相传的接力赛。习近平总书记强调,中国共产党执政,就是要把中国特色社会主义事业一步步向前推进,全心全力把老百姓的事一件一件办好,让老百姓过上更加美好的生活。习近平总书记在三苏祠考察时指出,要善于从中华优秀传统文化中汲取治国理政的理念和思维,广泛借鉴世界一切优秀文明成果,不能封闭僵化，更不能一切以外国的东西为圭臬，坚定不移走中国特色社会主义道路。他在极米光电有限公司考察时指出，全面建设社会主义现代化国家，实现中华民族伟大复兴，前途是光明的，道路是曲折的，还会面临许多激流险滩，要勇于迎接各种风险挑战。这些重要指示和重大论断进一步丰富和发展了习近平新时代中国特色社会主义思想，进一步指明了社会主义现代化建设方向，极大凝聚了团结奋进、开拓创新的精神力量，对于推进中国特色社会主义事业永续发展具有重大指导意义。

中国共产党的领导是中国特色社会主义最本质的特征，全面从严治党是党百年奋斗培育的鲜明品格，是党永葆生机活力、走好新的赶考路的必由之路。习近平总书记来川视察时强调，必须认真落实新时代党的建设总要求，始终保持正风肃纪反腐坚强定力，注重家庭家教家风建设，坚定不移推进全面从严治党向纵深发展。党的发展史充分证明，中国共产党之所以能够坚持自我革命，最根本的原因在于我们党是为人民谋利益的，这是勇于自我革命的根本依据和底气所在，也是百年恰似风华正茂的宝贵经验和奥秘所在。毫无疑问，习近平总书记关于全面从严治党、反腐败斗争、加强党的政治建设的重要要求带有根本性、全局性、长远性特征，对于推动全面从严治党向纵深发展，在新征程上奋力谱写四川发展新篇章、推进社会主义现代化国家建设，具有重大指导意义。

二、充分彰显党的创新理论和习近平总书记重要指示对新时代治蜀兴川的科学指引和强大支撑

党的十八大以来，以习近平同志为核心的党中央以伟大的历史主动精神、巨大的政治勇气、强烈的责任担当，引领中国巨轮开辟了中华民族伟大复兴前所未有的光明前景。在实现中华民族伟大复兴的历史进程中，我国经济、政治、文化、社会、生态文明、党的建设等各方面各领域都发生历史性变革、取得历史性成就，其根本原因就在于有以习近平同志为核心的党中央的坚强领导，有习近平新时代中国特色社会主义思想的理论指引。

"一个民族要走在时代前列，就一刻不能没有理论思维，一刻不能没有正确思想指引。"党的十九届六中全会通过的《中共中央关于党的百年奋斗重大成就和历史经验的决议》（以下简称《决议》）从十三个方面对党和国家事业发展取得的重大成就进行了系统阐述和全面概括，用"十个明确"对习近平新时代中国特色社会主义思想进行高度归纳和新的概括，体现了党的十八大以来的原创性思想、变革性实践、突破性进展、标志性成果。《决议》指出：

"习近平新时代中国特色社会主义思想是当代中国马克思主义、二十一世纪马克思主义，是中华文化和中国精神的时代精华，实现了马克思主义中国化新的飞跃。"如果说"当代中国马克思主义、二十一世纪马克思主义"是对习近平新时代中国特色社会主义思想指导地位的总体性概括，那么，"中华文化和中国精神的时代精华"则充分展示了新时代党的创新理论的文化底蕴、鲜明特色和中国风格。"十个明确"全景式概括了新时代党的创新理论并赋予其本体论意义上的原创性、系统性、思想性，科学揭示了马克思主义中国化最新成果的丰富内涵和重大意义，鲜明标注了其在马克思主义发展史、中华文化发展史上的重要地位，对于推进党和国家事业发展、推进中华民族伟大复兴具有重大指导意义。

新时代治蜀兴川取得的成就是全面贯彻习近平新时代中国特色社会主义思想的生动实践，是沿着习近平总书记指引的方向坚定前行的丰富成果，是中国特色社会主义事业在四川落地生根的鲜明体现。四川省第十二次党代会报告回顾成就时指出，"这些成绩的取得，根本在于习近平同志为核心的党中央的坚强领导，在于习近平新时代中国特色社会主义思想的科学指引"。报告以"高举习近平新时代中国特色社会主义思想伟大旗帜 团结奋进全面建设社会主义现代化四川新征程"为标题，贯穿其中的一条鲜明主线就是总结成绩从深情回顾习近平总书记来川视察讲起，谋划未来从深入学习贯彻习近平总书记重要指示起步，旗帜鲜明地宣示党的创新理论的科学指导作用和习近平总书记重要指示的方向引领作用。

2022 年是进入全面建设社会主义现代化国家、向第二个百年奋斗目标进军新征程的重要一年，党的二十大是一个重大时间节点和重要里程碑。站在历史交汇点和迈步新征程上，习近平总书记的重要指示既从党和国家事业战略全局高度出发，又紧扣四川省情和工作实际，具有很强的政治性、思想性、针对性和指导性。四川省委要求，全省各级党组织和党员干部要深刻领会习近平总书记重要指示精神的丰富内涵和核心要义，重点要领会把握习近平总书记对四川工作给予的充分肯定，领会把握习近平总书记对四川工作提出的总体要求，领会把握习近平总书记对高效统筹疫情防控和经济社会发展提出的重要要求，领会把握习近平总书记对雅安 6.1 级地震抗震救灾工作提出的重要要求，领会把握习近平总书记对"三农"工作提出的重要要求，领会把握习近平总书记对高校毕业生就业创业提出的重要要求，领会把握习近平总书记对科技创新和制造业发展提出的重要要求，领会把握习近平总书记对生态环境保护提出的重要要求，领会把握习近平总书记对坚定文化自信提出的重要要求，领会把握习近平总书记对全面从严治党提出的重要要求。这些重要指示和重要要求，是"十个明确"和"五位一体"总体布局在四川落实的实践要求，是"国之大者"和四川在全国大局中的战略重任的具体要求，是新征程上奋力谱写四川发展新篇章的主攻方向和着力重点，为四川做好各项工作提供了方向指引和根本遵循。

三、极大鼓舞和激励四川广大干部群众干事创业、建功立业的信心决心

习近平总书记崇高的领袖风范引领筑牢"国之大者"。党的十九届六中全会通过的《决议》指出："党确立习近平同志党中央的核心、全党的核心地位，确立习近平新时代中国特色社会主义思想的指导地位，反映了全党全军全国各族人民共同心愿，对新时代党和国家事业发展、对推进中华民族伟大复兴历史进程具有决定性意义。"从理论逻辑、历史逻辑和实践逻辑看，"两个确立"反映了马克思主义政党的本质要求，是总结党的百年奋斗历史经验得出的重大历史结论，是党的十八大以来党取得的最重要的政治成果，是在新的历史起点上推进中华民族伟大复兴伟业的根本保证。在全党全国上下筹备和迎接党的二十大的重要时刻，习近平总书记来川视察事关党和国家事业全局的重大工作，彰显了大国领袖对"国之大者"的殚精竭虑，对党和人民事业永续发展的深邃思考，在巴蜀大地镌刻了领袖的光辉印记、留下了宝贵的精神财富，必将更好引领中国巨轮乘风破浪、行稳致远，必将砥砺四川党员干部胸怀"国之大者"，践行初心使命，以赶考姿态推动新时代治蜀兴川再上新台阶，为全面建设社会主义现代化四川团结奋进、努力奋斗。

习近平总书记浓浓的"四川情结"砥砺巴蜀儿女团结奋进。习近平总书记一直深情牵挂四川各族群众，十分关心重视四川工作，多次来川视察指导、多次作出重要指示批示，让全省干部群众倍感关怀、备受鼓舞。这次来川是习近平总书记在党的十九大以来第二次到四川考察调研，充分体现了对四川工作的高度重视、对四川人民的深切关怀。习近平总书记在川视察期间，深入农村、文物保护单位、学校、企业等进行调研，看望慰问干部群众，面对面指导治蜀兴川事业发展，一路殷殷嘱托、一路悉心指导，给予四川人民莫大的鼓舞和激励，必将进一步砥砺巴蜀儿女团结奋进，激发全省干部群众迈步新征程、建功新时代的信心决心。

习近平总书记深厚的为民情怀强烈激发人民拥护爱戴之情。在国际形势何其复杂、国家大事何其之多的重要时刻，习近平总书记百忙之中亲临四川视察指导，看望慰问干部群众，为民生福祉倾注心力，他十分关切"乡亲们吃穿不愁后，最关心的就是医药问题"，一路叮嘱"老百姓的事，要实实在在干，

干一件是一件，干一件成一件"，充分体现了习近平总书记坦荡的赤子之心、深厚的为民情怀。各级党组织和干部群众受到极大鼓舞和激励，坚决表示要在新征程上把领袖的深切关怀转化为奋进力量，把领袖的殷殷嘱托转化为自觉行动，把领袖的战略擘画转化为美好现实，团结奋进、坚毅前行，为建设社会主义现代化四川作出自己应有的贡献。

四、凝聚四川省党校（行政学院）系统力量 掀起学习宣传贯彻习近平新时代中国特色社会主义思想的新高潮

按照四川省委的要求和部署，四川省党校（行政学院）系统迅速行动起来，紧紧围绕习近平总书记来川视察重要指示精神和四川省十二次党代会精神，开展系统谋划，切实把思想和行动统一到习近平总书记重要指示精神上来，统一到党中央、省委作出的各项工作安排上来，确保四川党校（行政学院）系统各项事业发展始终沿着习近平总书记指引的方向坚定前行。

2022 年 6 月 11 日，校院迅速启动了专题研究"高举习近平新时代中国特色社会主义伟大旗帜 在新征程上谱写四川发展新篇章"工作，组织了全省党校行政学院系统 28 位教师，其中省委党校（行政学院）15 位、其他市（州）委党校（行政学院）13 位，形成课题组，开展针对性理论研究。经过一个月的深入研究，形成了最终研究成果。成果包括《深刻领会习近平总书记来川视察指导重大意义》（总论）、《新时代治蜀兴川的方向指引和根本遵循》（上篇）、《贯彻"五个着力"要求 推动治蜀兴川再上新台阶》（中篇）、《新时代治蜀兴川的总体谋划》（下篇）4 个部分，26 篇理论文章。上中下篇各自均按照"总分"结构布局，其中：上篇包括 11 篇理论文章，主要注重对习近平总书记来川视察提出的具体要求的逐一宣传阐释；中篇包括 8 篇理论文章，主要注重对党的十八大以来习近平总书记对四川提出的七个方面重要指示及四川发展成就的逐一宣传阐释；下篇包括 7 篇理论文章，主要聚焦四川省十二次党代会总体谋划，突出成渝地区双城经济圈这一战略牵引，研究四川贯彻落实的重大战略部署。这一成果是四川省党校（行政学院）系统学习习近平总书记来川视察重要指示精神和四川省十二次党代会精神的最新集体协同攻关成果，为教学、科研、咨询、宣传工作的深入开展奠定了良好的理论和工作基础。

下一步，四川省党校（行政学院）系统将持续推动习近平总书记来川视察重要指示精神和四川省十二次党代会精神进理论文章、进宣传平台、进政策研究、进干部课堂，推出一批重要的理论研究成果、课堂教学成果、智库调研成果和思想宣传成果，迅速掀起学习宣传贯彻习近平新时代中国特色社会主义

思想的新高潮，以干部教育、理论研究等各项工作的扎实深入开展，迎接党的二十大胜利召开。

作者简介

裴泽庆，男，中共四川省委党校（四川行政学院）副校（院）长，教授。

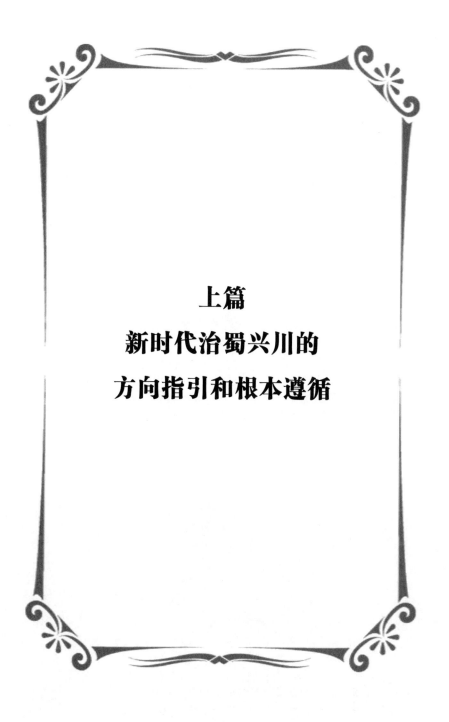

上篇

新时代治蜀兴川的

方向指引和根本遵循

坚持"讲政治、抓发展、惠民生、保安全"的工作总思路

要坚决贯彻党中央决策部署，弘扬伟大建党精神，坚持稳中求进工作总基调，完整、准确、全面贯彻新发展理念，主动服务和融入新发展格局，统筹疫情防控和经济社会发展，保持经济稳定发展，保持社会大局稳定，推动治蜀兴川再上新台阶，在全面建设社会主义现代化国家新征程上奋力谱写四川发展新篇章，以实际行动迎接党的二十大胜利召开。

——2022 年 6 月习近平总书记来川视察强调

习近平总书记指出，党的十九大以来，四川认真贯彻党的十九大和十九届历次全会精神，坚决贯彻党中央决策部署，统筹推进改革发展稳定各项工作，经济高质量发展成效明显，改革开放取得新突破，成渝地区双城经济圈建设初见成效，开放型经济发展水平不断提升，民生和社会事业加快发展，生态文明建设力度加大，党的建设全面加强；特别是 2022 年以来，四川统筹疫情防控和经济社会发展，扎实做好"六稳""六保"工作，经济发展稳中加固、稳中提质，社会大局保持稳定，党中央对四川工作充分肯定。习近平总书记对四川未来发展的工作思路也给予肯定，指出要落实四川省第十二次党代会精神，完成 2022 年既定目标。

一、新时代四川发展的方位特征

新时代四川发展的机与遇、时与势、谋与划、稳与进等，构成了新时代四川发展的方位特征，既是认识和夯实四川发展基础的前提条件，也是新的赶考之路上，奋力谱写全面建设社会主义现代化四川新篇章，推动新时代治蜀兴川再上新台阶的应有之义。

（一）新时代四川发展的机与遇

四川是"一带一路"和长江经济带的重要连接点，是我国西向和南向的

开放门户，是科技创新聚集地和新的开放前沿，具有支撑国内大循环的经济腹地优势，畅通国内国际双循环的门户枢纽优势、协同开放的区位优势和科技创新优势。新时代四川发展更是面临难得的机遇，"一带一路"建设、长江经济带发展、新时代西部大开发、黄河流域生态保护和高质量发展、成渝地区双城经济圈建设等国家重大战略在川叠加，贯彻新发展理念、构建新发展格局等国家重大部署深入实施，推动经济社会发展全面绿色转型、全面加强基础设施建设等国家重大政策加快落地，有责任、有条件地在构建新发展格局中展现新作为。

国家有期待，四川有作为。四川应时而动，积极参与"一带一路"建设，主动融入长江经济带发展、新时代西部大开发、黄河流域生态保护和高质量发展等国家重大战略，加速融入全球经济格局，抢占未来发展制高点。深化拓展省内区域协调发展战略，构建"一轴两翼三带"区域经济布局，加快建设具有全国影响力的重要经济中心、科技创新中心、改革开放新高地、高品质生活宜居地，打造带动全国高质量发展的重要增长极和新的动力源，在认清机遇中坚定信心、在抢抓机遇中乘势而上、在用好机遇中厚植优势。

（二）新时代四川发展的时与势

不谋大势者，不足以谋一时。新时代四川发展的时与势，既关乎四川长远发展，也关乎全国发展目标的实现。四川作为全国扶贫任务最重的省份之一，举全省之力决战决胜脱贫攻坚，经过艰苦努力，四川与全国同步全面建成小康社会，自此迈上全面推进乡村振兴新征程。顺应国家重大战略，唱好"双城记"、共建经济圈，成渝地区双城经济圈建设提速加码，四川绿色低碳优势产业高质量发展，总体进入工业化城镇化双加速时期，四川厚植支撑国内大循环的经济腹地优势，从内陆腹地走向开放前沿的路径更清晰，吹响了以创新驱动高质量发展的进军号角。国内国际双循环的门户枢纽功能持续提升，加快畅通，"四向拓展、全域开放"战略在新阶段加速形成立体全面开放新态势，四川经济高质量发展书写新注脚等。四川立足当下之时，着眼长远之势，一系列国家战略效应逐步释放，若干重大布局也已成势。

但我们也必须清醒认识到，世界百年变局和世纪疫情相互交织，外部环境更趋复杂严峻和不确定，四川省发展不平衡不充分问题仍然突出，发展质量效益不够高、创新能力不够强，基础设施、生态环保、防灾减灾等领域还有短板弱项，教育、医疗、养老等公共服务与群众期待还有差距，防风险保安全面临许多新的挑战和特殊难题，一些党员干部的素质、能力和作风与高质量发展要求还不相适应，党风廉政建设和反腐败斗争形势依然严峻复杂。对这些问题，必须高度重视并切实加以解决。因此，把握新时代四川发展的时与势，必须以稳住当下为前提谋求长远发展，以通观全局为基础纾解眼前困难，保持强大战略定力、坚定持续发展信心，不断拓展建设社会主义现代化四川事业发展新局面。

（三）新时代四川发展的谋与划

党的十八大以来，习近平总书记从党和国家战略全局出发，对四川工作作出系列重要指示，提出推动治蜀兴川再上新台阶的明确要求，系统阐明了四川发展"怎么看、怎么办、怎么干"等一系列重大问题，为新时代治蜀兴川提供了方向指引。牢记习近平总书记关于四川发展形势任务的重要指示，牢牢把握新时代治蜀兴川的总体要求；牢记习近平总书记关于四川在全国大局中地位作用的重要指示，牢牢把握新时代治蜀兴川的重大责任；牢记习近平总书记关于推动发展和改善民生的重要指示，牢牢把握新时代治蜀兴川的着力重点；牢记习近平总书记关于加强党的建设的重要指示，牢牢把握新时代治蜀兴川的根本保证。沿着习近平总书记指引的正确方向，四川全省上下勠力同心、团结奋进，各项事业大踏步向前迈进，经济社会发展和党的建设取得新的令人瞩目的重大进展。

四川省第十二次党代会将习近平总书记亲自谋划、亲自部署、亲自推动的成渝地区双城经济圈建设重大战略明确为新时代治蜀兴川的总牵引，以成渝地区双城经济圈建设引领高水平区域协调发展，建设支撑高质量发展的现代化经济体系，朝着共同富裕目标持续增进民生福祉，筑牢长江黄河上游生态屏障，加快新时代文化强省建设，推进民主政治建设和全面依法治省，以自我革命精神纵深推进全面从严治党，强力推动国家战略实施全面提速、整体成势，并从"五位一体"和党的建设等六个主要方面提出奋斗目标，体现了推动新时代治蜀兴川再上新台阶的新要求，体现了省委强烈的使命担当和坚定的决心。每一步落子的背后，都是四川始终以习近平总书记对四川工作系列重要指示精神为统领，确保实现目标任务的生动实践。

（四）新时代四川发展的稳与进

安全是发展的前提，发展是安全的保障，树立强烈的忧患意识、牢固树立底线思维甚至极限思维，全力以赴打好应对重大挑战、抵御重大风险、克服重大阻力、解决重大矛盾的主动仗，增强防范化解重大风险的能力，坚决守住不发生系统性风险的底线，确保四川社会大局和谐稳定，此为新时代四川发展的"稳"的基础。在稳字当头基础上，强调综合发展实力再上新台阶，人民生活品质实现新提升，美丽四川建设迈出新步伐，社会文明进步达到新高度，民主法治建设取得新进展，全面从严治党展现新气象，此为新时代四川发展的"进"的目标。

而加快转变发展方式、加快优化经济结构、加快转换增长动力等系列组合拳，为"稳中有进"确定方向、聚焦重点、谋求成效。四川经济运行保持稳中加固、稳中向好、稳中提质的良好态势，表明越是形势严峻复杂，越要坚定信念，专注发展定力不动摇，要攻坚克难，稳中求进，以钉钉子的精神克服艰难险阻，以逢山开路、遇水架桥的决心奋勇前进。

二、"讲政治、抓发展、惠民生、保安全"

四川省第十二次党代会明确了"讲政治、抓发展、惠民生、保安全"的工作总思路，强调讲政治是首要原则、抓发展是第一要务、惠民生是根本目的、保安全是底线要求，内涵丰富，提纲挈领、统揽全局，符合中央精神、体现四川实际、反映全省意愿，四者统一于新时代治蜀兴川的生动实践，贯穿于四川现代化建设的奋斗征程，指明了未来五年四川发展必须一体坚持、一体推进、一体落实的根本方向。

（一）讲政治是首要原则

秉纲而目自张，执本而末自从。旗帜鲜明讲政治是马克思主义政党的根本要求，是我们党一以贯之的政治优势。讲政治，就是要高举习近平新时代中国特色社会主义思想伟大旗帜，增强"四个意识"、坚定"四个自信"，自觉做"两个确立"的忠诚拥护者和"两个维护"的坚定践行者，善于从政治高度观察和处理问题，不断提高政治判断力、政治领悟力、政治执行力，确保新时代治蜀兴川事业发展始终沿着正确方向大步前进。

做好今后五年工作，必须坚定以习近平新时代中国特色社会主义思想为指导，在学懂弄通做实新时代党的创新理论上下功夫，深刻把握习近平总书记对新时代治蜀兴川提出的政治方向指引，深入贯彻落实习近平总书记对四川工作系列重要指示精神和党中央决策部署，紧紧围绕工作总思路，将其贯穿到推动高质量发展、现代化建设的全过程各方面；推动新时代治蜀兴川再上新台阶，奋力谱写全面建设社会主义现代化四川新篇章。

（二）抓发展是第一要务

发展是解决一切问题的基础和关键。四川是经济大省，在全国的战略地位十分重要。中国特色社会主义进入新时代，四川发展也站在了新的起点上。五年来，四川经济总量连跨两个万亿元台阶，发展成效明显，举全省之力决战决胜脱贫攻坚，推动成渝地区双城经济圈建设成势见效，推进以高铁为重点的交通基础设施建设，开展乡镇行政区划和村级建制调整改革，全力抗击新型冠状病毒感染疫情和重大自然灾害等大事要事备受瞩目。

但四川省发展不平衡不充分问题仍然突出，必须聚精会神抓发展，立足新发展阶段、贯彻新发展理念、构建新发展格局、推动高质量发展，全面对标省委"六新"奋斗目标，以"时时放心不下"的责任感和"处处奋勇争先"的使命感，永葆"闯"的精神，拿出"创"的劲头，发扬"干"的作风，把新发展理念贯彻到经济社会发展全过程和各领域，促进质量变革、效率变革、动力变革，扎实抓好党代会作出的推动成渝地区双城经济圈建设、深入实施高质量发展战略部署等重大任务落实，增强区域发展的协调、平衡和可持续性，加快缩小区域之间发展差距，保持全省经济持续健康发展，推动四川现代化建设乘风破浪、行稳致远。

（三）惠民生是根本目的

民生问题就是民心问题。百年党史，就是一部中国共产党为中国人民谋幸福、为中华民族谋复兴的奋斗史。民之所忧，我必念之，民之所盼，我必行之，是我们党一切工作的出发点和落脚点。当前，四川省已与全国同步进入全面小康社会，群众生产生活条件得到明显改善。然而，教育、医疗、养老等公共服务与群众期待还有差距。坚持民之所盼、政之所向，积极探索共同富裕实现路径，进一步提高公共服务的可及性和均等化水平，努力缩小区域差距、城乡差距和收入差距，既聚焦解决群众急难愁盼的现实问题，又注重推动民生社会事业全面发展与进步，推动共同富裕取得更为明显的实质性进展，凸显党代会报告以人民为中心的发展思想。

做好四川各项工作，把四川省第十二次党代会描绘的民生蓝图转化为生动实践，必须突出为人民创造幸福安逸生活这一总取向，把人民放在心中最高的位置，紧紧围绕"让人民群众过上好日子"这个主题，聚焦党代会部署的就业、增收、教育、健康、社会保障等重点任务，多谋民生之利、多解民生之忧、多思富民之策、多办惠民之事，实施更多有温度的政策举措、暖民心的切实行动，让改革发展成果更多更公平惠及全体人民，努力让全川人民的获得感成色更足、幸福感更可持续、安全感更有保障，进一步奏响兴省强省、为民富民的时代旋律，让9 100万四川人民的日子越来越幸福安逸。

（四）保安全是底线要求

安全重于泰山，四川构筑内陆开放战略高地和参与国际竞争的新基地，建设推动新时代西部大开发形成新格局的战略枢纽；构建富有四川特色的科技创新体系和现代化产业体系，成为服务国家科技自立自强和保障产业链供应链安全的战略支撑；强化粮食、清洁能源和战略性矿产资源生产供应，打造保障国家重要初级产品供给的战略基地；扛起长江黄河上游生态保护政治责任，筑牢维护国家生态安全的战略屏障；推动民族地区团结进步、繁荣发展和长治久安，巩固实现稳藏安康的战略要地等，都无一例外承担着保安全的重任，充分体现了党中央对四川的殷切期望。

当前国际形势波谲云诡，"黑天鹅""灰犀牛"事件时有发生，周边环境复杂敏感，改革发展稳定任务艰巨繁重，新型冠状病毒感染疫情尚未结束，保安全尤为重要。保安全底线，既要保经济安全社会稳定，也要扎实做好常态化疫情防控、生态环境保护、食药安全、防灾减灾、金融安全、社会治理等底线工作，以高水平安全护航高质量发展，保障人民生命财产安全。做好四川各项工作，必须增强"时时放心不下"的责任感，更好地统筹发展和安全，不断提高治理现代化水平，努力实现更高质量、更有效率、更加公平、更可持续、更为安全的发展，确保四川社会大局和谐稳定。

三、奋力把领袖的战略擘画转化为四川美好现实

习近平总书记一直深情牵挂四川各族群众，十分关心重视四川工作，多次来川视察指导、多次作出重要指示批示。党的十八大以来，习近平总书记从党和国家战略全局出发对四川工作作出系列重要指示，对推动治蜀兴川再上新台阶提出了明确要求，系统阐明了四川发展"怎么看、怎么办、怎么干"等一系列重大问题，为新时代治蜀兴川提供了方向指引。四川省第十二次党代会描绘的壮丽图景，既站高望远又切实可行，饱含着习近平总书记的殷殷嘱托，承载着9 100万巴蜀儿女的热切期盼。

迈步新征程、谱写新篇章，必须坚定以习近平新时代中国特色社会主义思想为指导，深入贯彻习近平总书记对四川工作系列重要指示精神，牢牢把握新时代治蜀兴川的总体要求、重大责任、着力重点和根本保证，坚决把领袖的深切关怀转化为奋进力量，把领袖的殷殷嘱托转化为自觉行动，把领袖的战略擘画转化为美好现实。坚持"讲政治、抓发展、惠民生、保安全"，永葆坚如磐石的理想信念，主动担好新时代赋予的历史重任；永葆只争朝夕的拼搏劲头，一张蓝图绘到底；永葆一往无前的斗争精神，勇于跨越前进道路上的"泸定桥""夹金山"，敢于征服奋进征途中的"雪山""草地"，奋力谱写全面建设社会主义现代化四川新篇章，推动新时代治蜀兴川再上新台阶，让天府之国更加富足安宁、巴山蜀水更加秀美安澜、人民生活更加幸福安逸。

参考文献

[1] 中共中央党校（国家行政学院）. 习近平新时代中国特色社会主义思

想基本问题［M］．北京：人民出版社，2020.

［2］中共中央宣传部. 习近平新时代中国特色社会主义思想学习纲要［M］．北京：学习出版社，2019.

［3］中共中央宣传部. 习近平新时代中国特色社会主义思想学习问答［M］．北京：学习出版社，2021.

［4］中共中央关于党的百年奋斗重大成就和历史经验的决议［M］．北京：人民出版社，2021.

［5］王晓晖. 高举习近平新时代中国特色社会主义思想伟大旗帜 团结奋进全面建设社会主义现代化四川新征程：在中国共产党四川省第十二次代表大会上的报告（2022 年 5 月 27 日）［N］．四川日报，2022-06-06.

作者简介

徐凤琴，女，中共四川省委党校（四川行政学院）马克思主义学院副教授，博士。

完整、准确、全面贯彻新发展理念

做好今后五年工作，必须坚定以习近平新时代中国特色社会主义思想为指导，深入贯彻落实习近平总书记对四川工作系列重要指示精神和党中央决策部署。统筹推进"五位一体"总体布局、协调推进"四个全面"战略布局，立足新发展阶段，完整、准确、全面贯彻新发展理念，服务和融入新发展格局。

——《高举习近平新时代中国特色社会主义思想伟大旗帜 团结奋进全面建设社会主义现代化四川新征程——在中国共产党四川省第十二次代表大会上的报告》

习近平总书记指出："我们党领导人民治国理政，很重要的一个方面就是要回答好实现什么样的发展、怎样实现发展这个重大问题。"以习近平同志为核心的党中央坚持观大势、谋全局、干实事，不仅成功驾驭中国经济发展大局、取得经济发展的历史性成就、实现经济发展的历史性变革，而且在实践中形成了许多引领中国经济社会发展的科学理念和指导思想，新发展理念就是新时代关乎中国经济发展命脉的关键理念，阐明了中国共产党关于发展的政治立场、价值导向、发展模式、发展道路等重大政治问题，而且引导我国经济发展取得了历史性成就、实现了历史性变革，实现了马克思主义发展观的又一次与时俱进，是新时代以来中国共产党关于发展理论的一次伟大创新。贯彻新发展理念、构建新发展格局等国家重大部署深入实施，是四川充分发挥科技创新优势、市场腹地优势和开放门户优势，大幅提升在畅通国民经济循环中的战略位势的有效保证。

一、完整把握新发展理念：坚持系统观念

（一）新发展理念是个系统的理论体系

新发展理念回答了关于发展的目的、动力、方式、路径等一系列理论和实践问题，强调发展是解决我国一切问题的基础和关键，发展必须是科学发展，必须坚定不移贯彻创新、协调、绿色、开放、共享的发展理念。

创新发展注重的是解决发展动力问题。新一轮科技革命带来的是更加激烈的科技竞争，如果科技创新搞不上去，我们在全球经济竞争中就会处于下风。为此，必须把创新摆在国家发展全局的核心位置，让创新贯穿党和国家一切工作。**协调发展注重的是解决发展不平衡问题。**我国发展不协调是一个长期存在的问题，突出表现在区域、城乡、经济和社会、物质文明和精神文明、经济建设和国防建设等关系上，不断增强发展整体性是我们接下来的工作要点。**绿色发展注重的是解决人与自然和谐问题。**绿色循环低碳发展，是当今时代科技革命和产业变革的方向。当前我国资源约束趋紧、环境污染严重、生态系统退化的问题十分严峻，坚持节约资源和保护环境是我们的基本国策，要坚定不移地走生产发展、生活富裕、生态良好的文明发展道路。**开放发展注重的是解决发展内外联动问题。**当前国际经济合作和竞争局面正在发生深刻变化，我国总体上还面临对外开放水平还不够高、用好国内外市场和资源的能力还不够强、应对国际经贸摩擦和争取国际经济话语权的能力还比较弱、运用国际经贸规则的本领也不够强等方面的问题。我们必须坚持对外开放的基本国策，不断完善对外开放布局，形成对外开放新体制，发展更高层次的开放型经济，以扩大开放带动创新、推动改革、促进发展。**共享发展注重的是解决社会公平正义问题。**"治天下也，必先公，公则天下平矣。"让广大人民群众共享改革发展成果，是社会主义的本质要求。当前我国经济发展的"蛋糕"不断做大，但分配不公问题比较突出，我们必须对此作出更有效的制度安排，使全体人民朝着共同富裕方向稳步前进。

(二) 贯彻新发展理念需要运用系统观念

在党的十九届五中全会、中央经济工作会议等场合习近平总书记多次提出了贯彻新发展理念需要运用系统观念问题。习近平总书记强调："坚持创新发展、协调发展、绿色发展、开放发展、共享发展，是关系我国发展全局的一场深刻变革。这五大发展理念相互贯通、相互促进，是具有内在联系的集合体，要统一贯彻，不能顾此失彼，也不能相互替代。"因此，我们要加强前瞻性思考、全局性谋划、战略性布局、整体性推进。

当前，面对世界百年未有之大变局，我们要以实现中华民族伟大复兴为目标，立足国内，放眼世界，深刻认识错综复杂的国际局势对我国的影响，既保持战略定力又善于积极应变，既集中精力办好自己的事，又积极参与全球治理、为国内发展创造良好环境，统筹发展和安全；同时，在新型冠状病毒感染疫情影响的不确定下，统筹疫情防控和经济社会发展，保持经济稳定发展，保持社会大局稳定。

因而，中央要从全局上不断提高全党全国贯彻落实新发展理念的能力和水平，各部门既要按照自身职责抓好新发展理念涉及本部门的重点工作，也要综合考虑本部门工作对全党全国贯彻新发展理念的作用和影响。同时，地方上也要从落实中央部署工作出发，根据自身条件和机遇，既全面贯彻新发展理念，又抓住短板弱项来重点推进。

（三）要站在政治的高度观察分析经济社会问题

完整、准确、全面贯彻新发展理念，是经济社会发展的工作要求，也是十分重要的政治要求。改革发展稳定、内政外交国防、治党治国治军都是政治问题。党领导人民治国理政，最重要的就是处理好各种复杂的政治关系，始终保持党和国家事业发展的正确政治方向。只有站在政治高度看，对党中央的大政方针和决策部署才能领会得更透彻，工作起来才能更有预见性和主动性。习近平总书记要求："各级领导干部特别是高级干部要不断提高政治判断力、政治领悟力、政治执行力，对'国之大者'了然于胸，把贯彻党中央精神体现到谋划重大战略、制定重大政策、部署重大任务、推进重大工作的实践中去，经常对表对标，及时校准偏差。"

我们要深刻领悟"两个确立"的决定性意义，切实通过提高政治判断力、政治领悟力、政治执行力，始终在政治立场、政治方向、政治原则、政治道路上同以习近平同志为核心的党中央保持高度一致，学习领会四川省第十二次党代会对全省工作的部署要求，把党中央关于贯彻新发展理念的要求落实到工作中去。

二、准确理解新发展理念：突出问题导向

当前，四川省发展已经站在新的历史起点上，因此，要根据新发展阶段的新要求，坚持问题导向，更加精准地贯彻新发展理念，切实解决好发展不平衡不充分的问题，推动高质量发展。习近平总书记在第十九届中央政治局第二十七次集体学习时强调："要抓住主要矛盾和矛盾的主要方面，切实解决影响构建新发展格局、实现高质量发展的突出问题，切实解决影响人民群众生产生活的突出问题。"

（一）抓发展是第一要务，要突出高质量发展这一主题

习近平总书记指出，发展不足仍然是四川最突出的问题。成渝地区双城经济圈作为中国经济发展的第四极，是四川高质量发展的重要依托。推动成渝地区双城经济圈建设，是国家构建新发展格局的重大举措，也是四川贯彻落实新发展理念、融入新发展格局的战略引领。因此，要以此统揽全省区域经济布局和各领域重大部署，树牢一盘棋思想和一体化发展理念，优化完善川渝合作机

制，着力打造带动全国高质量发展的重要增长极和新的动力源。

除此之外，一方面，要发挥市场腹地优势。四川省消费市场庞大，产业体系和市场体系相对健全，拥有全部41个工业门类和超过680万户市场主体，在供需两侧都有比较优势。建强支撑国内大循环的经济腹地，着眼的是发挥四川省人口和市场规模优势、工业化和城镇化后发优势、科教和产业发展基础优势。要依托科技创新优势，高质量发展引领和创造新需求。增强产业链供应链韧性和竞争力，协同解决重点行业产业链供应链"卡脖子"问题。聚焦重点问题多推创造型、引领型、市场化改革，打通阻碍经济循环的瘀点堵点。

另一方面，要发挥开放门户优势。四川地处"一带一路"和长江经济带连接点，是我国西向南向开放门户和西部陆海新通道重要起点。随着区域全面经济伙伴关系协定（RCEP）的签署，四川融入国内国际双循环面临新的重大机遇。要不断深化"四向拓展、全域开放"，积极参与西部陆海新通道建设，提升中欧班列（成渝）运营效能，推动货物贸易与服务贸易协同发展；要高质量建设自贸试验区和综合保税区，支持创建天府国际机场国家级临空经济示范区，提升机场、港口等口岸能级，深化拓展外国来川设领和国际友城交往，扩大重大展会国际影响力，不断增强开放合作实效。

四川省第十二次党代会指出：抓发展是四川省当前工作的第一要务，必须突出高质量发展这一主题，深入实施创新驱动发展战略，促进质量变革、效率变革、动力变革，保持经济质的稳步提升和量的合理增长，努力在建设现代化经济强省上迈出更大步伐。

（二）惠民生是根本目的，要扎实推动共同富裕

当前，四川省发展不平衡不充分问题较为突出，城乡区域发展差距较大，经济总量居全国前列但人均水平不高，科教资源丰富但创新能力不强，民生持续改善但服务供给不足。但从发展可能看，"时"与"势"对四川总体有利。当前我国东西部地区差距正逐步缩小，经济重心进一步南移，四川正处于新型工业化城镇化加速期，市场腹地广阔、发展潜力巨大；而面向未来，国家重大战略在四川交汇叠加，新发展阶段支撑四川省高质量发展的比较优势更加凸显，实现这些目标是有基础、有条件、有可能的，也为扎实推进共同富裕创造了条件。

我们要深入学习贯彻习近平总书记关于推动发展和改善民生的重要指示，牢牢扭住经济建设这个中心，推动经济高质量发展，同时也要以惠民生为根本目的，突出为人民创造幸福安逸生活这一总取向，让改革发展成果更多、更公平地惠及全体人民，努力让人民群众的获得感成色更足、幸福感更可持续、安全感更有保障。四川省第十二次党代会对今后五年的目标进行了明确："人民

生活品质实现新提升，共同富裕迈出坚实步伐，居民人均可支配收入增速高于全国、城乡收入比持续缩小，多层次社会保障体系更加健全，基本公共服务均等化水平明显提高。"同时，会议还强调要："紧紧围绕让老百姓过好日子，加强基础性、普惠性、兜底性民生保障建设，促进民生社会事业全面进步，推动共同富裕取得更为明显的实质性进展。"

（三）保安全是底线要求，要更好地统筹发展与安全

世界百年变局和世纪疫情相互交织，各类风险隐患明显增多，经济发展环境的复杂性、严峻性和不确定性上升，面临更多逆风逆水的艰巨考验。深入学习贯彻习近平总书记来川视察重要指示精神，必须贯彻落实好总体国家安全观，坚定维护国家政权安全、制度安全、意识形态安全，全力防范化解各种风险挑战，确保全面建设社会主义现代化四川新征程行稳致远。

确保产业链和价值链安全，要落实"把发展特色优势产业和战略性新兴产业作为主攻方向"等重要要求，构建富有四川特色的科技创新体系和现代化产业体系；确保粮食和资源安全保障，要落实"把四川农业大省这块金字招牌擦亮""科学有序推进水能资源开发"等重要要求，强化粮食、清洁能源和战略性矿产资源生产供应，打造保障国家重要初级产品供给的战略基地；处于长江黄河上游的四川，确保生态安全要落实"一定要把生态文明建设这篇大文章写好"等重要要求，扛起长江黄河上游生态保护政治责任，筑牢维护国家生态安全的战略屏障。

同时，统筹好发展和安全，要筑牢治蜀兴川事业发展安全屏障，建设更高水平的平安四川。要防范化解系统性金融风险，促进房地产市场平稳健康发展，加强政府债务管理；要提升公共安全防控救援能力，增强防灾减灾能力，严格食品药品安全监管，提高安全生产水平，完善综合应急救援体系；要维护社会安定和谐，健全平安建设体制机制，预防和化解社会矛盾风险，加强社会治安防控体系建设；要统筹推进经济建设和国防建设，推进重点区域、重点领域和新兴领域协调发展，优化完善国防动员体系；更要推动民族地区团结进步、繁荣发展和长治久安，履行好稳藏安康的战略要地的责任和义务。

三、全面落实新发展理念：明确战略牵引

（一）善于从战略上看问题、想问题

习近平总书记反复强调：战略问题是一个政党、一个国家的根本性问题。善于从战略高度谋篇布局，是我们党领导革命、建设和改革取得成功的一大法宝。党和人民的事业之所以始终立于不败之地，一个重要原因在于我们党战略

上判断准确、谋划科学，战略上赢得主动，遇到节点科学谋划、开创新局。当前，面临世界百年未有之大变局，改革发展稳定任务之重、矛盾风险挑战之多、治国理政考验之大前所未有，要在激烈竞争和现实斗争中占据主动，每一步都离不开战略判断和抉择。

党的十八大以来，以习近平同志为核心的党中央提出一系列原创性的治国理政新理念新思想新战略，为新时代党和国家事业发展指明了前进方向、提供了根本遵循。四川是经济大省和人口大省，在全国的战略地位十分重要。习近平总书记多次就四川发挥独特优势、更好服务国家发展全局作出重要指示、寄予殷切期望。习近平总书记从党和国家战略全局出发，对四川工作作出系列重要指示，提出推动治蜀兴川再上新台阶的明确要求，系统阐明了四川发展"怎么看、怎么办、怎么干"等一系列重大问题，为新时代治蜀兴川提供了方向指引。我们要以战略牵引为导向，深刻领会推动治蜀兴川再上新台阶的丰富内涵和实践要求，完整、准确、全面贯彻新发展理念，与时俱进完善四川现代化建设的整体布局和任务部署，推动各项工作取得新的更大成效。

（二）把战略的坚定性和策略的灵活性结合起来

把战略的坚定性和策略的灵活性相结合，是马克思主义者解决现实问题的一个基本原则，是坚持唯物辩证法和党的实事求是思想路线在实际工作中的具体体现。战略指导并决定策略，策略反映并服务战略，正确的战略需要正确的策略来落实。各地区各部门情况不同、禀赋各异，既要强调在大局下行动，又要坚持从各地各部门的实际出发，确定各地区各部门工作思路、工作部署、政策措施。习近平总书记在视察调研各地或召开区域性座谈会时都有重要讲话或具体指示要求，与中央精神一脉相承，又条分缕析，把向定航，就一域或一部门而言，更具指导性、针对性和可操作性，同时还赋予了特别的使命和责任，各地各部门应该对标对表，切实落实到各方面工作中去。

四川省第十二次党代会指出，做好今后五年工作，必须坚定以习近平新时代中国特色社会主义思想为指导，深入贯彻落实习近平总书记对四川工作系列重要指示精神和党中央决策部署，统筹推进"五位一体"总体布局、协调推进"四个全面"战略布局，立足新发展阶段，完整、准确、全面贯彻新发展理念，服务和融入新发展格局，以成渝地区双城经济圈建设为战略引领，紧紧围绕"讲政治、抓发展、惠民生、保安全"的工作总思路，深入实施高质量发展战略部署，推动新时代治蜀兴川再上新台阶，奋力谱写全面建设社会主义现代化四川新篇章。

（三）确保战略执行不偏向、不变通、不走样

习近平总书记在省部级主要领导干部学习贯彻党的十九届六中全会精神专

题研讨班开班式上发表重要讲话强调："各地区各部门确定工作思路、工作部署、政策措施，要自觉同党的理论和路线方针政策对标对表、及时校准偏差，党中央作出的战略决策必须无条件执行，确保不偏向、不变通、不走样。"执行党中央作出的战略决策"偏向""变通""走样"，不但直接影响党中央的权威和集中统一领导，而且对党中央作出的正确决策、制定的发展目标、构建的前进路径造成干扰和消极影响，阻碍社会主义现代化进程，最终危害到党和人民的利益。

聚焦新发展阶段提出的新课题，要以中央精神明辨是非，对重大问题保持头脑清醒。当前四川面临着"一带一路"建设、长江经济带发展、新时代西部大开发、黄河流域生态保护和高质量发展、成渝地区双城经济圈建设等国家重大战略叠加，贯彻新发展理念、构建新发展格局等国家重大部署深入实施，推动经济社会发展全面绿色转型、全面加强基础设施建设等国家重大政策加快落地，经济社会发展迎来前所未有的机遇，但也面临更大的压力和更为复杂严峻的挑战。因此，在完整、准确、全面贯彻新发展理念、推动四川省高质量发展的赶考之路上，我们不仅要关注"干什么"，更要关注"为什么干""谁来干""怎么干"，切实以服务和融入国家战略为导向，学习新思想、突破旧思维、步入新境界，坚持用新思想对标定向，坚决破除与新时代、新要求、新使命不相适应的惯性思维和惰性工作方法，以新思想定向领航，从新思维中寻策问道，沿着坚定正确的政治方向，"不偏不变"，大步向前。

参考文献

［1］习近平. 论把握新发展阶段、贯彻新发展理念、构建新发展格局［M］. 北京：中央文献出版社，2021.

［2］习近平在省部级主要领导干部学习贯彻党的十九届五中全会精神专题研讨班开班式上发表重要讲话强调 深入学习坚决贯彻党的十九届五中全会精神 确保全面建设社会主义现代化国家开好局［N］. 人民日报，2021-01-12（1）.

［3］本书编写组. 十九大以来重要文献选编（上）［M］. 北京：中央文献出版社，2019.

［4］汪晓东，李翔，王洲. 关系我国发展全局的一场深刻变革［N］. 人民日报，2021-12-08.

［5］王晓晖. 高举习近平新时代中国特色社会主义思想伟大旗帜 团结奋进全面建设社会主义现代化四川新征程：在中国共产党四川省第十二次代表大

会上的报告（2022 年 5 月 27 日）［N］. 四川日报，2022-06-06.

作者简介

冯梦黎，女，中共四川省委党校（四川行政学院）马克思主义学院副教授，博士。

统筹发展和安全

要坚持稳中求进工作总基调，全面做好改革发展稳定各项工作，努力保持平稳健康的经济环境、国泰民安的社会环境、风清气正的政治环境，为党的二十大召开营造良好氛围；要高效做好统筹疫情防控和经济社会发展工作，坚决克服目前经济发展面临的一些困难，做好就业、社会保障、贫困群众帮扶等方面的工作，做好维护社会稳定各项工作，保持人心稳定，保持社会大局稳定；要坚定信心、排除干扰，克服麻痹思想，抓紧抓实疫情防控重点工作，坚决巩固住来之不易的疫情防控成果。

——《高举习近平新时代中国特色社会主义思想伟大旗帜 团结奋进全面建设社会主义现代化四川新征程——在中国共产党四川省第十二次代表大会上的报告》

"备豫不虞，为国常道。"世界百年变局和世纪疫情相互交织，各类风险隐患明显增多，经济发展环境的复杂性、严峻性和不确定性上升，四川面临更多逆风逆水的艰巨考验。在全国筹备和迎接党的二十大召开、四川省深入学习贯彻四川省第十二次党代会精神、斗志昂扬朝着实现第二个百年奋斗目标前行的重要时刻，习近平总书记亲临四川，充分肯定四川工作，亲自为四川未来发展擘画新篇、引领航向。四川围绕贯彻落实习近平总书记关于统筹疫情防控和经济社会发展、统筹发展与安全的重要指示，统筹发展与安全，贯彻落实好总体国家安全观，坚定维护国家政权安全、制度安全、意识形态安全。统筹疫情防控与经济发展，四川要下好先手棋、打好主动仗，全力以赴做好四川未来五年发展，奋力实现未来五年经济社会发展目标任务，坚决防范化解重大风险，让城乡更安宁、群众更安乐，创造安全稳定环境，推动经济社会发展行稳致远，在新征程上奋力谱写四川发展新篇章。

一、统筹发展和安全是治国理政的重大原则

习近平总书记强调："越是开放越要重视安全，统筹好发展和安全两件大

事。""安全和发展是一体之两翼、驱动之双轮。"党的十九届五中全会就统筹抓好发展和安全两件大事、建设更高水平的平安中国作出重要部署。

辩证把握发展和安全的关系。发展和安全互为条件，彼此支撑。一方面，安全是发展的前提。只有国家安全、社会稳定，经济社会才能持续健康发展。没有国家安全和社会稳定，一切都无从谈起。另一方面，发展是安全的保障。只有推动经济社会持续健康发展，才能筑牢国家繁荣富强、人民幸福安康、社会和谐稳定的物质基础。忽视安全的发展是存在隐患、不可持续的；忽视发展的安全是基础薄弱、不能长久的。在前进道路上，我们既要以安全促发展，又要以发展保安全。

进入新时代，我国面临更为严峻的国家安全形势，外部压力前所未有，传统安全威胁和非传统安全威胁相互交织，"黑天鹅""灰犀牛"事件时有发生。习近平总书记在党的十九大报告中明确提出，统筹发展和安全，增强忧患意识，做到居安思危，是我们党治国理政的一个重大原则。当前和今后一个时期，我国发展进入各种风险挑战不断积累甚至集中显露的时期。我们必须把防风险摆在突出位置，"图之于未萌，虑之于未有"，力争不出现重大风险或在出现重大风险时扛得住、过得去。越是前景光明，越是要增强忧患意识，做到居安思危，全面认识和有力应对一些重大风险挑战。

四川是经济大省和人口大省，担负着维护国家安全的重要职责和经济发展的使命。截至 2021 年，四川常住人口 8 372 万人，依然是我国的人口大省，成都发展为我国第 4 座常住人口突破 2 000 万人的超大城市。四川物产丰富，而且地形较为封闭，四面是山，通道狭窄，易守难攻，四川更是战略省份，地位非同一般。在习近平总书记来川视察重要指示精神的引领下，四川要更好统筹发展和安全，不断提高治理现代化水平，推动高质量发展和高水平安全的良性互动，确保四川各项事业发展始终沿着习近平总书记指引的方向坚定前行。

二、推动四川高质量发展和高水平安全良性互动

坚持抓发展是第一要务，突出高质量发展。国际疫情防控与经济形势错综复杂，四川面临国内经济发展下行的新的压力，高效做好统筹疫情防控和经济社会发展工作，以经济建设为中心，统筹推进经济社会发展，准确识变、科学应变、主动求变，有力有序推动复工复产提速扩面，积极帮助中小企业渡过难关，大力发展新产业新经济，持续深化重要领域和关键环节改革，奋力实现经济社会发展目标，实现经济工作"稳字当头，稳中求进"，坚决克服目前经济发展面临的一些困难，经济高质量发展成效明显。全省近五年来经济总量连跨两个万亿元台阶、达到 5.38 万亿元，地方一般公共预算收入年均增长 8.6%。四川省委高质量发展战略部署深入实施，成都经济总量接近两万亿元，七个区域中心城市全部超过两千亿元。城乡融合发展步伐加快，县域经济基础不断夯实。

坚持保安全是底线要求，推动高水平安全。四川将"保安全"作为做好各项工作的底线要求，增强"时时放心不下"的责任感，从全力抗击疫情、保持社会大局稳定、提升自然灾害救援能力等方面推动高水平安全。

全力抗击新型冠状病毒感染疫情。四川科学精准处置多轮疫情，发病率和病亡率均较低，尽最大努力减少了对经济社会发展的影响；进一步强化监测预警，按照点与面结合、症状监测与核酸检测结合、传染病监测系统与其他部门监测系统结合的原则，开展人、物、环境等多渠道监测。

保持社会大局稳定。四川通过市域社会治理现代化试点，各地充分发挥政治引领、法治保障、德治教化、自治强基、智治支撑作用，实打实解决了一批社会治理难点堵点痛点，创造性地探索出了一批行之有效的市域社会治理现代化"四川样板"。天府中央法务区从"起势"到"蓄能"，政法领域改革从"夯基"到"固本"，市域社会治理现代化试点从"破题"到"样本"，扫黑除恶斗争推动"平安"到"长安"，政法队伍教育整顿从"试点"到"示范"，社会治理难点变成社会治理亮点、社会治理问题变成社会治理成效。成都针对小区物业矛盾纠纷多发实际，探索创新"信托制"物业服务新模式，重构业主与物业企业之间的关系，从制度上预防、减少物业矛盾；自贡、巴中等地推出"道德银行"；内江创新建立"家事公益人"队伍；广安打造"平安共同体"，激励全市 52.9 万名平安志愿者参与"群防群治、联防联控"。四川通过建起共建共治共享治理格局，做好维护社会稳定各项工作，保持人心稳定，保持社会大局稳定。

提升自然灾害抢险救援的能力。四川自然灾害如地震、暴雨洪涝、泥石流等多发频发。九寨沟地震、长宁地震灾后恢复重建全面完成，森林草原防灭火专项整治扎实推进，不断提升全省统筹发展和安全的能力，千方百计维护人民群众生命财产安全是四川工作的重中之重。一是强化应急机制的重点，加强对灾情的分析研判。以防汛为例，四川落实汛期"每日会商"制度，会同有关部门研判雨情汛情趋势，重点加强短历时、高强度、小范围强降雨临灾预判，及时向市（州）和抢险救援队伍发出风险提示，同时调度抽查风险较大的重点市（州），县（市、区），乡（镇、街道），督促落实防范应对措施。二是强化应急演练提升抢险能力。通过应急演练提升应对突发事件的处置能力及群众面对自然灾害的逃生避险、自救互救能力，同时也检验了防汛预案的可操作性和实效性，为自然灾害发生后抢险积累了经验；通过应急演练确保险情发生时，应急救援队伍能拉得出、冲得上、打得赢，为抢险救灾工作积累实战经验及作战能力打下坚实的基础。

三、贯彻落实习近平总书记重要指示，建设更高水平的平安四川

统筹好发展和安全，认真贯彻落实习近平总书记"要高效做好统筹疫情防控和经济社会发展工作""要毫不动摇坚持'动态清零'总方针""各有关地区和部门要立足于防大汛、抗大险、救大灾""保持社会大局稳定""全面提高灾害防御能力"等重要要求，贯彻落实好总体国家安全观，建设更高水平的平安四川，统筹发展和安全，在新征程上谱写四川发展新篇章。

贯彻总体国家安全观，统筹抓好发展和安全。四川深入贯彻习近平总书记关于总体国家安全观的重要论述，增强忧患意识，做到居安思危，有效防范和化解各种风险挑战，全力营造平稳健康的经济环境、国泰民安的社会环境和风清气正的政治环境，一体推进高质量发展和高水平安全，为党的二十大召开营造良好氛围。一是提高政治站位，强化政治自觉，把党中央关于国家安全工作的各项决策部署落到实处，以实际行动忠诚拥护"两个确立"、坚决做到"两个维护"。二是突出工作重点，强化政治担当，坚持从政治上、从政治安全上认识问题、把握问题、解决问题，常态化开展系统性风险隐患排查化解，重点做好政治、经济、社会大局、生态与生物、网络和数据等领域国家安全工作，为高质量发展提供坚强安全保障。

筑牢治蜀兴川事业发展安全屏障，防范化解系统性风险。一是提升粮食和重要物资保障能力。深入实施国家粮食安全战略，打造中国西部粮食和物资储备综合保障枢纽。建设重点产区粮食现代储备基地和现代粮油加工配送基地，实施粮食现代物流工程，补齐三州仓储设施短板。优化调整粮食和重要物资储备品种规模和布局结构，健全收储、动用、轮换机制。打造综合性现代粮食应急保障中心，实施救灾物资储备基础设施能力提升工程，健全应急保障网络体系。二是加强能源安全保障。提高储气规模和应急调峰能力，重点推进牟家坪、老翁场、中坝、沈公山、黄家场等地下储气库建设，建成国家西南天然气储备基地。规划建设成品油入川管道和国家航油储备基地，加强成品油供应保障。完善电力调峰机制，科学布局天然气调峰电站。继续做好规划内核电厂址保护。推进煤矿现代化改造，建设煤炭储备基地，健全煤炭保障体系。三是防范化解系统性金融风险。完善现代金融监管体系，健全金融风险预防、预警、

处置、问责制度体系，积极防范化解信用风险、流动性风险、新兴金融业态风险等，守住不发生系统性风险底线。严格省内法人金融机构市场准入管理，完善公司治理结构，增强风险管理能力。严厉查处非法金融机构和非法金融活动，持续推进互联网金融风险专项整治。提升金融风险监测预警平台功能，完善风险应急处置预案。推动建立专业化金融审判机构。

提升公共安全防控救援能力，完善综合应急管理体系。一是全面提高灾害防御能力。四川自然灾害较多，贯彻落实习近平总书记来川视察重要指示精神，始终坚持人民至上、生命至上，切实践行"两个坚持、三个转变"防灾减灾救灾理念，强化底线思维、忧患意识，增强"时时放心不下"的责任感，进一步构建完善现代化防洪体系，全面提高水旱灾害防御能力，实现水安全风险从"被动应对"向"主动防控"转变，全力保障人民群众生命财产安全。2022年6月初，雅安市芦山县和阿坝州马尔康市先后发生地震，要坚持人民至上、生命至上，进一步扎实开展抗震救灾和安置保障工作，推动灾区生产生活秩序尽快恢复正常。各有关地区和部门立足于防大汛、抗大险、救大灾，提前做好各种应急准备，全面提高灾害防御能力，切实保障人民群众生命财产安全。二是巩固来之不易的疫情防控成果。毫不动摇坚持"动态清零"疫情防控总方针，加强疫情精准防控，巩固来之不易的疫情防控成果，高效做好统筹疫情防控和经济社会发展工作。认真贯彻落实习近平总书记来川视察重要指示精神，始终保持清醒头脑，深刻认识抗疫斗争的复杂性和艰巨性，坚持人民至上、生命至上，牢固树立底线思维、极限思维，慎终如始、恪尽职守抓好疫情防控，巩固来之不易的防控成果，全力保障人民群众生命财产安全。坚决贯彻党中央、国务院和省委、省政府关于疫情防控工作的决策部署，建强用好"四川天府健康通"大数据平台，积极拓展大数据在疫情防控中的场景应用，更好地运用大数据、人工智能、云计算等数字技术支撑疫情防控，为统筹做好全省疫情防控和经济社会发展提供有力技术支撑。我们要坚定信心，排除干扰，克服麻痹思想，一定要守土有责，做好重点地区人员反馈报送，及时准确宣传最新防疫要求，配合好疾控、公安等部门的流调和协查工作，从严从细落实防控措施，坚决守牢疫情防控底线。三是提高安全生产水平，强化安全生产党委政府领导责任和部门监管责任，落实企业主体责任。加强危险重点行业领域和商场、旅游景区等人员密集场所安全风险防范，全面推行安全生产清单制管理，健全落实安全风险分级管控和隐患排查治理"双重预防"机制，深入开展专项整治行动。

维护社会安定和谐，加强社会治安防控体系建设。四川是经济大省和人口大省，担负着维护国家安全的重要职责和使命，维护社会安定和谐，健全平安建设体制机制，预防和化解社会矛盾风险，加强社会治安防控体系建设。一是健全平安建设体制机制。加强维护国家政治安全工作体系建设，扎实开展反渗透、反颠覆、反分裂、反邪教、反恐怖和意识形态领域斗争，加强专门力量及配套建设，坚定维护国家政权安全、制度安全、意识形态安全。完善平安建设工作协调机制，大力推进公安工作现代化。推进综治中心规范化建设，深化网格化服务管理，加快"六无"平安村（社区）建设。建设四川政法大数据平台，加强"天网工程""雪亮工程""慧眼工程"建设和联网运用。二是预防和化解社会矛盾风险。坚持和发展新时代"枫桥经验"，建立健全溯源治理机制，加强矛盾纠纷源头防范，健全社会矛盾预警、诉求表达、协商沟通、权益保障、救济救助等机制，完善社会稳定风险评估体系。加强省市县乡四级矛盾纠纷多元化解协调中心建设，加强矛盾纠纷动态排查、防范化解，健全社会心理服务体系和危机干预机制，完善矛盾纠纷多元预防调处化解综合机制。强化信访工作责任制，推进信访工作信息化、智能化建设，深入开展重大风险化解攻坚行动，有效防范化解、依法稳妥处置群体性事件。三是加强社会治安防控体系建设。健全公共安全隐患常态化排查整治和预警应急处置机制，完善立体化、智能化社会治安防控体系，健全扫黑除恶长效常治机制，严厉打击各类违法犯罪。深入开展禁毒人民战争。优化治安防控力量布局，加强派出所等基层基础和警力储备基地建设，构建圈层防控网络。加强流动人口、特殊人群服务管理和青少年违法犯罪预防工作。

安全是发展的前提，发展是安全的保障。面对前进道路上可以预见和难以预见的各种考验，我们要树立强烈的忧患意识、底线思维甚至极限思维，打好应对重大挑战、抵御重大风险、克服重大阻力、解决重大矛盾的主动仗，坚决守住不发生系统性风险的底线。旗帜指引方向，核心领航未来。四川要把习近平总书记来川视察重要指示精神转化为砥砺奋进的实际行动，高效统筹发展和安全，切实维护保持社会大局和谐稳定，为推动新时代治蜀兴川再上新台阶提供坚强安全保障，在新征程上奋力谱写四川发展新篇章。

参考文献

［1］钟开斌.统筹发展和安全：理论框架与核心思想［J］.行政管理改革，2021（7）：59-67.

［2］黄东."统筹发展与安全"的理论意涵［J］.人民论坛，2021（23）：86-89.

［3］中共中央党史和文献研究院. 习近平关于统筹疫情防控和经济社会发展重要论述选编［M］. 北京：中央文献出版社，2020.

［4］中共中央党史和文献研究院. 习近平关于防范风险挑战、应对突发事件论述摘编［M］. 北京：中央文献出版社，2020.

［5］王晓晖. 高举习近平新时代中国特色社会主义思想伟大旗帜 团结奋进全面建设社会主义现代化四川新征程：在中国共产党四川省第十二次代表大会上的报告（2022 年 5 月 27 日）［N］. 四川日报，2022-06-06.

［6］统筹发展和安全 保持社会大局和谐稳定［N］. 四川日报，2022-06-11.

［7］深入贯彻新发展理念主动融入新发展格局 在新的征程上奋力谱写四川发展新篇章［N］. 人民日报，2022-06-10.

作者简介

王晓红，女，中共四川省委党校（四川行政学院）应急管理培训中心副主任，教授，博士。

全面提高灾害防御能力

要立足于防大汛、抗大险、救大灾，提前做好各种应急准备，全面提高灾害防御能力，切实保障人民群众生命财产安全；要加强统筹协调，强化灾害隐患巡查排险，加强重要基础设施安全防护，提高降雨、台风、山洪、泥石流等预警预报水平，加大交通疏导力度，抓细抓实各项防汛救灾措施；灾害发生后，要迅速组织力量抢险救灾，严防次生灾害，最大限度减少人员伤亡和财产损失；要在做好抢险救灾工作的同时尽快恢复生产生活秩序，扎实做好受灾群众帮扶救助和卫生防疫工作，防止因灾返贫和"大灾之后有大疫"。

——2022 年 6 月 8 日，习近平总书记在四川视察期间强调

我国是世界上自然灾害最为严重的国家之一，灾害种类多，分布地域广，发生频率高，造成损失重，这是一个基本国情。习近平总书记多次就防灾减灾救灾工作作出重要指示，提出了一系列新理念新思路新战略，深刻回答了我国防灾减灾救灾重大理论和实践问题，为新时代防灾减灾救灾工作指明了方向、提供了重要遵循。

一、四川自然灾害防御的战略定位考量

（一）防御自然灾害是四川面临的长期艰巨的斗争

受自然地理环境因素影响，四川省是我国自然灾害高发频发的地区之一。长期以来，洪涝灾害、地质灾害、地震灾害、森林与草原火灾等自然灾害对四川的经济和社会发展造成了巨大影响。频发的自然灾害严重危及社会稳定和人民群众生命财产安全。2021 年，全国各种自然灾害共造成 1.07 亿人次受灾，直接经济损失 3 340.2 亿元；四川省共计 1 012.7 万人次受灾，直接经济损失 248.6 亿元。从受灾人次和直接经济损失的数据比较看，四川均占到全国近十分之一。

四川全省自然灾害中，洪涝和地质灾害灾情最为严重，发生频次多，受灾范围广，受灾人次多。受气候特征、盆地地形、沉积岩地质和江河水系结构的

影响，四川省洪涝灾害易发频发，洪水破坏性强，并较易引发泥石流等次生灾害。近十年中，每年全国十大自然灾害事件几乎都包含有四川地区的洪涝灾害[1]。四川省全省面积中山地丘陵地形占到 92%，地貌特征多样，高低落差大，地质构造复杂。地质灾害隐患点数量多，覆盖面广，加之气候环境复杂多变，导致地质灾害形成快、险情重、影响大。

除了洪涝和地质灾害以外，四川还面临着地震灾害、森林草原火灾等突出的灾害风险。四川西部为高原地震构造，中部盆地地壳较薄，地震多发于厚地壳与薄地壳交界区，省内共有龙门山、金沙江等 8 条地震带。地震带覆盖面积比重较大，地震频度高、强度大，近年来发生了多次大震，造成了重大损失。四川共有 35 个县市（区）属于火灾高危区，有 81 个县市（区）是火灾高风险区。干燥的气候和地貌特征的叠加使森林火情始终处于频发态势，辖区内每年发生的森林火灾起数远高于我国其他林业资源丰富的地区。

四川灾害种类多，发生频率高，分布范围广，造成损失大。随着四川社会经济的不断发展，经济活动日益扩张，财富总量和密度增大，一些灾害造成的损失也呈现加大的趋势。频繁发生的灾害已成为影响四川经济社会持续健康发展的长期性制约因素。在经济发展的进程中，如何有效防范自然灾害风险、抵御自然灾害危害，保障人民生命财产安全促进社会经济可持续发展是四川需要长期面对的严峻问题。

（二）防御自然灾害是实现高水平安全重要内容

如何在全面建成小康社会的基础上，乘势而上开启全面建设社会主义现代化国家新征程，顺利实现第二个百年奋斗目标，习近平总书记强调要"坚持统筹发展和安全，坚持发展和安全并重，实现高质量发展和高水平安全的良性互动"。党的十九届五中全会提出"我们越来越深刻地认识到，安全是发展的前提，发展是安全的保障"，要求"办好发展和安全两件大事"。

自然灾害由于其巨大破坏性特点，影响人类生产生活的各个方面，并且危害到人民生命财产安全、环境安全、粮食安全、水资源安全、生态安全、社会安全、国防安全等[2]。在全球气候变化、灾害规律演变、社会经济发展的新形势下，各类灾害的突发性、异常性、难以预见性日显突出，对国家安全构成了严重的威胁[3]。进入新时代，我国自然灾害种类多、分布地域广、发生频率高、造成损失重的基本国情没有改变；各类灾害风险交织叠加、易发多发的现状没有改变[4]。

2018 年 10 月 10 日，中央财经委员会第三次会议指出，提高自然灾害防治能力，是实现"两个一百年"奋斗目标、实现中华民族伟大复兴中国梦的必然要求，是关系人民群众生命财产安全和国家安全的大事，也是对我们党执政能力的重大考验，必须抓紧抓实。在这样特殊的历史阶段，做好防灾减灾救灾工作，不仅事关人民群众生命财产安全和经济社会发展大局，而且事关中华民族永续发展和"两个一百年"奋斗目标的实现。

统筹发展和安全，就是要把安全贯穿经济社会发展各领域和全过程，实现高水平安全，服务高质量发展。要实现高水平安全就必须要全力做好对自然灾害的防御工作，提升防灾减灾救灾的能力。党的十八大以来，四川省通过深入贯彻习近平总书记关于防灾减灾救灾的重要论述，按照党中央、国务院决策部署，坚持人民至上、生命至上，全力做好各类灾害防范应对，最大限度降低灾害风险损失。全省各地各部门通过摸清风险底数、聚焦防灾减灾中的重点工作，努力把问题解决在萌芽之时、成灾之前，为维护人民群众生命财产安全和经济社会健康发展提供了坚强有力的保障。

（三）防御自然灾害需要久久为功全面治理

习近平总书记指出："同自然灾害抗争是人类生存发展的永恒课题。要更加自觉地处理好人和自然的关系，正确处理防灾减灾救灾和经济社会发展的关系，不断从抵御各种自然灾害的实践中总结经验。"《中共中央 国务院关于推进防灾减灾救灾体制机制改革的意见》提出："认真研究全球气候变化背景下灾害孕育、发生和演变特点，充分认识新时期灾害的突发性、异常性和复杂性，准确把握灾害衍生次生规律，综合运用各类资源和多种手段，强化统筹协调，科学应对各种自然灾害。"

自然界从来不只有风调雨顺，自然灾害本就是地球自身规律的一部分。人类至今还没有足够的能力完全阻止自然灾害的发生，越是重大的自然灾害，越可能导致重大的破坏性。自然灾害的最大危害当然是高伤亡率。在历史上，自然灾害除了会直接造成人员伤亡外，还常常会摧毁人类赖以生活的家园，致使无数人流离失所。巨灾大灾发生后，由于卫生条件难以得到保障，灾区极易滋生病症，大灾后往往有大疫。自然灾害还可能滋生其他次生灾害[5]。

面对灾难人类并非坐以待毙。习近平总书记2020年8月在安徽考察调研时指出，我们中华民族在和灾害作斗争的过程中，斗了几千年，愚公移山、大禹治水，但是我们还要继续斗下去。这个斗不是跟老天爷作对，是人与自然要更加和谐，要顺随自然规律，更能够摸得到自然规律，培养强大的防御灾害能力。防御灾害是系统性的活动，贯穿对灾害的认识、预见、预防、抵御、救援和恢复的整个过程。

在新征程中，四川省灾害防御面临长期性、艰巨性。要深刻认识防治和抵御自然灾害既是重大的政治问题，又是需要经常面对的民生问题、社会问题、经济问题；既是一项紧迫任务，又是一项长期任务。坚持问题导向、目标导向和结果导向，既要着力抓重点、抓关键、抓弱项，精准研判、精准排查、精准拆弹，不断巩固灾害防御成果，也必须要坚持底线思维、极限思维，秉承功成不必在我，"功成必定有我"的理念，持续强化灾害防御体系。

二、四川自然灾害防御的实践创新

（一）重科学、强预防

习近平总书记强调，要坚持以防为主、防抗救相结合，坚持常态减灾和非常态救灾相统一，努力实现从注重灾后救助向注重灾前预防转变，从应对单一灾种向综合减灾转变，从减少灾害损失向减轻灾害风险转变，全面提高全社会抵御自然灾害的综合防范能力。

按照灾害学界的测算，对防灾备灾的 1 元投入可以防止因灾害造成的价值 7 元的经济损失。坚持预防为主，努力把自然灾害风险和损失降至最低是灾害防御最重要的方面。自第一次全国自然灾害综合风险普查启动以来，四川各级党委政府始终把普查工作作为重要政治任务，坚决扛起普查工作主体责任，全面压实行业部门责任，精心组织，全力攻坚，扎实开展了自然灾害综合风险普查。

针对四川灾多、灾频、灾重的现状，四川省坚持以防为主，率先在全国开展了自然灾害综合风险分析。四川省应急、水利、自然资源、气象、林草等部门通力协作、紧密配合，探索开展自然灾害综合风险分析，构建自然灾害综合风险评估技术支撑体系，全面提升自然灾害综合风险防范应对能力。根据全省地形、地貌、地质和自然人文等因素，建立起灾害综合风险评估基础数据库。

依据自然灾害空间分布规律特征，对四川省洪涝灾害、地质灾害、森林火灾、干旱灾害等高危灾种，结合全省地形、地貌、地质和自然人文等因素，建立起灾害综合风险评估基础数据库。根据综合风险的致灾因子危险性、承灾体脆弱性、防灾减灾能力三个重要因素，四川科学划分出"高、较高、中、低"四级自然灾害风险区，构建出全省自然灾害综合风险评估体系，形成自然灾害综合风险研判成果，推动防灾减灾能力迈向新台阶。

（二）重共治、强协同

习近平总书记强调，要坚持群众观点和群众路线，坚持社会共治，完善公民安全教育体系，推动安全宣传进企业、进农村、进社区、进学校、进家庭，加强公益宣传，普及安全知识，培育安全文化，开展常态化应急疏散演练，支持引导社区居民开展风险隐患排查和治理，积极推进安全风险网格化管理，筑牢防灾减灾救灾的人民防线。

在灾害防御上，四川省十分重视灾害的综合防治和协同治理。四川省以创建全国综合减灾示范社区作为推进城乡基层防灾减灾救灾体系和能力建设的长期性、基础性工程。通过将创建工作纳入地方党委、政府年度考核目标，加大对创建工作的政策资金支持，激励和提升全省创建工作积极性。四川省已创建全国综合减灾示范社区数量位居全国前列，各示范社区模范带头效果显著，为先期处置和减轻灾害损失发挥了重要作用。

在单一灾种防御上，四川省探索建立了联防联控机制和协同防御体系。以地质灾害防御为例，四川是全国地质灾害最为发育的省份。四川省按照"流域一盘棋、共御大洪水"工作思路，建立了嘉陵江、涪江、沱江、岷江、青衣江、大渡河、雅砻江、安宁河、长江（金沙江）流域水旱灾害联防联控机制。水利部门牵头，经济和信息化、应急管理、交通运输、能源、电力、航运、气象等成员单位积极配合，全面参与流域联防联控工作。

以分级负责、部门负责、岗位负责为支撑的流域水旱灾害联防联控机制责任体系，明确了流域、市、县三级职责，构建责任闭环，形成了省市间、部门间以及上下游、左右岸高效协同配合的流域一体化水旱灾害防御工作局面。在此基础上，四川全面落实各项防汛、备汛措施，构建山洪泥石流联防联控机制，推行全域群测群防机制。

（三）重源头、强基础

习近平总书记指出要健全风险防范化解机制，坚持从源头上防范化解重大安全风险，真正把问题解决在萌芽之时、成灾之前。要加强应急救援队伍建设，建设一支专常兼备、反应灵敏、作风过硬、本领高强的应急救援队伍。

四川省在森林草原防灭火专项整治活动中，坚持预防为主，强化基层群防群治，分级负责、属地为主、层级响应，实行地方各级人民政府行政首长负责制，建立统一指挥、部门协作、上下联动、区域联防、军民参与、群防群治、以专为主、专群结合的防灭机制。通过编制预案，组织开展演练，落实森林草原火灾防治规划和防护标准。广泛开展宣传教育，加大野外火源管控和违规用火查处力度，加强日常巡护和隐患排查整治，从源头上降低了火灾风险。

在加强森林消防队等森林草原灭火应急救援"国家队"和综合性救援队伍建设的同时，四川各地市州等都加强了地方专业防灭火队伍和半专业防灭火队伍的建设。高风险地区的乡镇基本都建有半专业防灭火队伍。各高风险地区加强了基础设施建设，强调"以水灭火"战法，在重要部位布局埋式蓄水罐，为扑火队员、巡山护林员、林区居住群众等发放便携式水桶。

全省高风险地区贯彻执行"高位推动、末端发力、群防群治、终端见效"工作机制，设置不同的防火前置期，全方位启动隐患整改、卡点值班、巡山护林等工作。集中力量，聚焦城镇周边、村落周边、单位周边、厂寺周边、重要设施周边和林缘、电缘、路缘、房缘、地缘"五周五缘"，常态化开展可燃物排查清理。在林区交通要道口、出入关键点，合理设置防火检查站，执行"一拦、二讲、三问、四查、五照、六扫、七放"的"七步工作法"，排查车辆和人员，收缴火源，杜绝火种进山。通过持续开展全覆盖风险隐患排查，分区分级落实精准防控措施，全面提升火灾源头防控效能、扑火救援的科学性和联防联控水平。

三、全面提高四川灾害防御能力

（一）提升多灾种和灾害链综合监测预警预报水平

习近平总书记在主持十九届中央政治局第十九次集体学习时强调："要发挥好应急管理部门的综合优势和各相关部门的专业优势，根据职责分工承担各自责任，衔接好'防'和'救'的责任链条，确保责任链条无缝对接，形成整体合力。"四川省第十二次党代会报告指出要"加强自然灾害监测预警"，四川省"十四五"规划中也明确提出要"加强洪涝干旱、森林草原火灾、地质灾害、地震等领域监测预警"。

自然灾害监测预警是基础性、长期性工作。四川省在洪涝干旱、森林草原火灾、地质灾害、地震等领域的自然灾害空间分布上具有较高重叠性。各地方政府、各灾种主管部门、单位和企业都已各自建立监测预警系统，在单一灾种的防灾减灾中发挥了重要作用，也取得了很多成绩，但在更大范围和更高层面还需要进一步统筹建设。

各灾害预警原理存在一定相通性，各灾种监测预警技术也存在一定共性，部分监测预警仪器设备和预警系统可以共用。近几年物联网、无线通信、大数据、云计算、人工智能等先进技术迅猛发展，为自然灾害风险的早期识别、监测、预警和应急救援与处置提供了强大的科技支撑。建立统一的多灾种监测预警系统技术条件趋于成熟。灾害防御是一项系统工程，多灾种和灾害链的监测预警体系建设要处理好"防"与"救"，"防"与"治"，"防"与"建"之间的关系。

（二）加强灾害防御的基础设施建设和科学化水平

习近平总书记指出，要立足防大汛、抗大灾，针对防汛救灾暴露出的薄弱环节，迅速查漏补缺，补好灾害预警监测短板，补好防灾基础设施短板。要加强城市防洪排涝体系建设，加大防灾减灾设施建设力度。习近平总书记强调，要强化应急管理装备技术支撑，优化整合各类科技资源，推进应急管理科技自主创新，依靠科技提高应急管理的科学化、专业化、智能化、精细化水平。

四川省地处西南山区，原生环境脆弱，全省绝大部分城镇、半数以上的人口分布在自然灾害严重的地区。广大农村，尤其是盆周山区，经济社会发展还相对滞后，农村居民主要依靠农业及其他自然资源为生，受自然灾害的影响很大，自身抵御自然灾害的能力还很薄弱，要严防少数农村人口因灾返贫。

随着城市化的快速推进，四川省市政基础设施承载力超负荷，部分建筑达不到设防标准，城市管理还比较薄弱，造成城市对自然灾害有明显放大作用。在基础设施建设和科学防治上，存在基层底子薄、欠账多等问题。防灾减灾的专业化人才、应急救援的专业化队伍都相对短缺，应急装备及应急避难场所建设、应急救灾物资储备等基础设施建设还比较滞后。防灾减灾领域科学研究和技术开发能力不足，科技投入的系统性和持续性需要进一步加强。

（三）健全自然灾害防治体系，夯实全社会防灾减灾基础

习近平总书记指出加强自然灾害防治关系国计民生，要建立高效科学的自然灾害防治体系，提高全社会自然灾害防治能力，为保护人民群众生命财产安全和国家安全提供有力保障。

中共四川省委、省政府一直对防灾减灾救灾工作高度重视。党的十八大以来，四川省在自然灾害防治体系建设方面，投入了大量的人力物力，也进行了很多的体制机制创新。统筹协调体制机制不断健全，监测预报预警能力持续加强，灾害应急救援能力不断提升，灾害防治能力明显增强。基层综合减灾能力建设、灾后恢复重建、救灾物资保障、灾害社会治理等工作也取得了显著成效。

时代在进步、技术在发展，综合减灾理念不断深入，灾害风险管理技术也不断成熟，自然灾害防治体系和防治能力现代化建设也需要不断推进。2022年7月初，《中华人民共和国自然灾害防治法（征求意见稿）》开始向社会公开征求意见。《中华人民共和国自然灾害防治法（征求意见稿）》立足综合性法律的定位，确立自然灾害防治的基本方针、制度、保障措施，构建涵盖风险防控、监测预警、抢险救灾、灾后救助与恢复重建全过程、全方位的自然灾害防治体系。《中华人民共和国自然灾害防治法》的出台对四川省的自然灾害防治体系建设将起到引导和规范。

通过深入学习贯彻习近平总书记来川视察重要指示精神和关于防灾减灾救

灾重要指示精神，落实好中共四川省第十二次党代会精神和四川省"十四五"规划任务，把防范灾害风险、保护人民群众生命财产安全作为"国之大者"，围绕推进全省自然灾害防治体系和防治能力现代化两个维度，做好自然灾害综合监测预警、自然灾害防御能力提升和综合应急救援能力提升等重点任务。坚持人民至上、生命至上，完善防灾减灾救灾预案体系和各项准备，增强抢险救援能力，提升公众防灾意识，夯实全社会防灾减灾基础，有效防范化解重大灾害风险，切实保障人民群众生命财产安全和经济社会持续健康发展。

参考文献

［1］刘成路. 四川省自然灾害脆弱性评估研究 ［D］. 廊坊：防灾科技学院，2021.

［2］毕宝贵，李泽椿，郭安红，等. 自然灾害对公共安全的影响及其监测预警科技发展战略 ［J］. 海洋气象学报，2017，37（3）：1-7.

［3］马宝成，王立刚. 新时代中国应急管理的全面创新与发展 ［J］. 中国应急管理科学，2022（5）：4-15.

［4］钟开斌. 党的十八大以来 党领导我国防灾减灾救灾事业开启新篇章 ［J］. 中国减灾，2021（13）：22-29.

［5］禾刀. 除了面对，人类别无选择：读《改变人类历史的自然灾害》 ［J］. 现代国企研究，2021（5）：94-96.

作者简介

吴蔚，女，中共四川省委党校（四川行政学院）应急管理培训中心讲师，博士。

在新时代打造更高水平的"天府粮仓"

成都平原自古有"天府之国"的美称，要严守耕地红线，保护好这片产粮宝地，把粮食生产抓紧抓牢，在新时代打造更高水平的"天府粮仓"。

——2022 年 6 月习近平总书记来川视察强调

党的十八大以来，习近平总书记一次次的考察调研，总要去农田看一看，察墒情、看苗情、问收成。"庄稼能不能浇上水""地里有没有套种豆子""不再打连枷了吧"……家常话语，意味深长，饱含着习近平总书记对端牢"中国饭碗"的殷殷期待。2022 年 6 月 8 日上午，习近平总书记来到眉山市东坡区太和镇永丰村考察调研。永丰村依托水稻产业和技术优势，建成了全省规模最大的水稻新品种新技术中试基地。在高标准水稻种植基地，习近平总书记听取整体情况介绍后，对永丰村坚持粮食种植助力保障国家粮食安全的做法表示肯定。习近平总书记强调，成都平原自古有"天府之国"的美称，要严守耕地红线，保护好这片产粮宝地，把粮食生产抓紧抓牢，在新时代打造更高水平的"天府粮仓"。

一、粮食安全是国之大者

(一) 手中有粮、心中不慌在任何时候都是真理

仓廪实，天下安。保障粮食安全是一个永恒的课题，手中有粮、心中不慌在任何时候都是真理。我国是人口大国，有 14 亿多人口，每天一张嘴，就要消耗 70 万吨粮、9.8 万吨油、192 万吨菜和 23 万吨肉，粮食消费量大、人均耕地少。经过艰苦努力，我国以占世界 9%的耕地、6%的淡水资源，养育了世界近 1/5 的人口，从当年 4 亿人吃不饱到今天 14 亿多人吃得好，有力回答了"谁来养活中国"的问题[1]。

党的十八大以来，以习近平同志为核心的党中央立足世情国情粮情，把粮食安全作为治国理政的头等大事，把确保粮食供给作为实施乡村振兴战略的首要任务，确立了"以我为主、立足国内、确保产能、适度进口、科技支撑"

的国家粮食安全战略，采取强农惠农富农政策，不断提高粮食综合生产能力，粮食总产量连续7年稳定在1.3万亿斤（1斤＝500克，下同）以上，口粮储备长期保持在70%以上，实现了谷物基本自给、口粮绝对安全。但我们也要居安思危，清醒认识到保障粮食安全任何时候都不能放松。2022年的一号文件就多达5次提到"粮食安全"，将"守住保障国家粮食安全"提升到"底线"的高度。习近平总书记强调，在粮食安全这个问题上不能有丝毫麻痹大意，不能认为进入工业化以后，吃饭问题就可有可无，也不要指望依靠国际市场来解决。要未雨绸缪，始终绷紧粮食安全这根弦[1]。

当前，我国粮食供求紧平衡的格局没有改变，结构性矛盾尚未解决。国际形势继续发生深刻复杂变化，百年变局和世纪疫情相互交织，俄乌冲突加剧全球粮食危机，再次提醒我们提高粮食自我保障能力的重要性。未来随着人口增长、消费升级，粮食需求还将刚性增长，紧平衡将会越来越紧[2]。粮食安全是"国之大者"，必须抓紧抓实，确保粮食播种面积、产量不掉下来，供给、市场不出问题，真正做到以国内稳产保供的确定性来应对外部环境的不确定性[1]。

（二）加快推动"藏粮于地、藏粮于技"战略落实落地

端稳端牢"中国饭碗"，必须把"藏粮于地、藏粮于技"真正落实到位。习近平总书记指出，耕地是粮食生产的命根子，是中华民族永续发展的根基。

2022年6月25日是第32个全国"土地日"。中国是世界上第一个为保护土地而设立专门纪念日的国家。但是，我国耕地保护形势不容乐观。"国土三调"结果显示，2019年年底，中国耕地面积为19.18亿亩（1亩≈667平方米，下同），人均耕地面积只有1.36亩，不足世界平均水平的40%[3]。同时，中国耕地资源空间分布不均衡，总体质量不高，建成的高标准农田不足9亿亩，超过一半的耕地靠天收。在"国土二调"至"国土三调"的10年间，中国建设用地总量增加了26.5%，一些地方存在耕地"非农化"和"非粮化"问题，违法违规占用耕地问题也时有发生，务必坚决纠正。要严防死守18亿亩耕地红线，采取"长牙齿"的硬措施，落实最严格的耕地保护制度，努力建成10亿亩高标准农田，为稳定保障粮食产能进一步夯实基础。

同时，在耕地资源刚性约束的情况下，解决吃饭问题，根本出路在科技，其中种子是关键，种子是农业的"芯片"。党的十八大以来，我国种业取得了显著成效，农作物良种覆盖率在96%以上，自主选育品种面积占比超过95%，水稻、小麦两大口粮作物品种已实现完全自给[4]，农作物重大新品种不断涌现，引领我国主粮育种方向，支撑国家粮食安全。但我们也必须清醒认识到，

我国种业仍存在较明显的技术短板。《2020 年中国农作物种业发展报告》显示，截至 2019 年年底，全国近 6 400 家种子企业中，真正具有自主研发能力的企业不到 100 家，而 82% 的企业是销售企业，种业在新品种研发和科研成果转化方面面临瓶颈和障碍。面对日趋复杂的国内外形势、紧张的地缘政治局势和新型冠状病毒感染疫情持续冲击，我们要把中国人的饭碗装满中国人的粮食，必须要打好种业翻身仗，加快种业自立自强、种源自主可控。

（三）保障粮食安全是一项系统工程

保障粮食安全是一项系统工程。一是确定责任，全面落实地方抓粮的义务和责任，实行粮食安全党政同责，"米袋子"省长要负责，书记也要负责，确保主产区、主销区、产销平衡区共同扛起粮食安全的政治责任；二是优化布局，稳口粮、稳玉米、扩大豆、扩油料，保证粮食年产量保持在 1.3 万亿斤以上，确保中国人的饭碗主要装中国粮[1]；三是激发积极性，要保护农民种粮积极性，发展适度规模经营，让农民能获利、多得利；四是兼顾国际市场，要统筹利用国际合作、贸易、投资等，确保粮食和重要农产品进口来源、进口渠道、进口供应链的安全、稳定、可控、可靠，加快构建更高层次、更高质量、更有效率、更可持续的国家粮食安全保障体系；五是推动供需动态平衡，树立大食物观，深化农业供给侧结构性改革，开发丰富多样的食物品种，更好满足人民群众日益多元化的食物消费需求；六是坚持不懈制止餐饮浪费，推动建设节约型社会。只有多措并举、凝聚合力、久久为功，才能牢牢掌握粮食安全主动权。

二、保护"饭碗"，四川抓好"保地稳粮"工作

（一）出台相关法律，保障粮食安全

随着经济社会的发展、人口数量的增加和人们生活水平的提高，四川的粮食生产资源环境要素约束正在增强，存在供需缺口。作为全国 13 个粮食主产省之一，以及西部唯一的粮食主产省和粮食消费转化大省，四川全面落实中央战略部署，在结合实际省情的基础上，于 2021 年 3 月 26 日的四川省十三届人大常委会第二十六次会议审议通过了《四川省粮食安全保障条例》（以下简称《条例》），并于 2021 年 5 月 1 日正式实施。这是四川第一部保障粮食安全的地方性法规，《条例》施行意味着四川粮食安全保障进入全面依法治理新阶段。

那么，《条例》给四川粮食安全保障带来了什么变化呢？

一是定责任。明确党政同责，回答了"谁来管、怎么管、管什么"的问题。比如针对"谁来管"，《条例》提出，今后全省落实粮食安全省长责任制、强化粮食安全责任制考核和党政一把手同责，并逗硬相关考核。同时，明确县级以上地方政府要建立粮食安全保障机制。

二是明路径。提出要多种粮食、种出好粮，量质齐升，不仅要"吃得饱"还要"吃得好"。《条例》明确耕地应当优先满足粮食和食用农产品生产，发展壮大粮食产业，生产更多更优质的粮油产品。

三是聚合力。从生产者到消费者，社会各界都要为端好"天府饭碗"贡献力量，凝聚节粮减损合力，从法律层面为勤俭节约、反对餐饮浪费新风尚护航。

（二）激活闲置土地，保证耕地数量

贯彻落实《四川省粮食安全保障条例》，2022 年以来全省共投入财政资金 33.4 亿元，计划整治耕地 200 万亩，预计新增耕地 8 万亩。同时以"农户承包地撂荒整治年"为契机，全省各地持续推进撂荒地整治工作。比如，泸州市江阳区玉田村由于之前外出务工村民较多，村里有不少土地撂荒。为了激活大家"复耕"的主动性，当地创新了"村集体经济公司出资，村民投劳，收益共同分配"的新模式。截至 5 月底，泸州江阳区已治理撂荒地 608.29 亩，实现了闲置土地的"再激活"。广元市昭化区磨滩镇佛岩村通过走村入户，大力宣传耕地保护，2022 年，计划复耕土地面积 120 亩，当前已经完成了 90%。

同时，为了防止耕地"非农化"和"非粮化"，需要动态监测。2021 年开始，四川先后在凉山、达州、广元试点"田长制"。目前，广元磨滩镇已探索出了"镇级、村级、网格"的三级田长责任体系，实现了辖区耕地监管全覆盖。而在达州渠县，借助智慧监管系统，田长制不仅实现了地面"及时看"，还能通过卫星遥感"天上看"。通过天上的卫星和人工巡查，对耕地进行全天候、无缝隙监控，在发现问题后，能够第一时间进行制止。

（三）完善基础设施，提升耕地品质

习近平总书记指出："农田质量是粮食安全的根基。要建设高标准农田，真正实现旱涝保收、高产稳产。"近年来，四川大力推进高标准农田建设，把现代粮食产业园作为粮食产业高质量发展的主阵地，连续五年，持续向现代农业园区倾斜农田基础设施建设项目和资金。目前四川省高标准农田项目分布点多面广，覆盖了 21 个市（州）165 个县（市、区），平均每个项目县的建设任务都在 2 万亩以上，2020 年最高的县达到 5.4 万亩，建设任务还将增加。计划到 2022 年年底，全省将建成 5 000 万亩高标准农田，稳定保障全省粮食年产量 700 亿斤以上。

建高标准农田，补齐农田基础设施短板是关键。在眉山市东坡区永丰村，目前当地已建立起1 800亩高标准农田，成为四川规模最大的水稻新品种新技术中试基地。然而过去由于交通不便、灌溉困难、排水不畅、多数田块大小不一、散乱不成形、全靠人力无法机械化等因素，产量和质量都不高，老百姓种田意愿低。2012年开始实施土地整理、沟渠整治和高标准农田建设，按照100米×100米，15亩一个田块进行土地整理，建设了2条宽3.5米、长4 000米的运输干道，每方田硬化建设了作业便道，并修建了6千米的灌溉和排水沟渠，亩均投入近3 000元。

条件改善后，以前没人租种的土地变成了香饽饽，群众竞相耕种、争相流转，租金从100元涨到500元再涨到今天的近千元，吸引了种粮大户进入。目前，该村有种粮大户4户，流转土地达96%，主要种植"一优两高"（优质、高产、高效）水稻，同时实施稻菜、稻药、稻菜菜两季、三季轮作。通过土地流转，该村每户农户土地租金收益每年可达5 000元，2021年，该村农民人均纯收入达2.8万元，高出全市、全区平均水平。

未来，四川将继续推动"良种、良法、良田、良机、良制"融合，着力提升种粮效益、稳定粮食产量、保障粮食安全。

三、全力在新时代打造更高水平的"天府粮仓"

2022年6月8日，习近平总书记来川视察时强调，成都平原自古有"天府之国"的美称，要严守耕地红线，保护好这片产粮宝地，把粮食生产抓紧抓牢，在新时代打造更高水平的"天府粮仓"。

（一）深入实施"藏粮于地、藏粮于技"，注重解决"种子和耕地"两个要害问题

落实好习近平总书记关于抓好粮食安全的嘱托，我们要深入实施"藏粮于地、藏粮于技"战略，注重解决"种子和耕地"两个要害问题。

第一，要严格落实耕地保护制度。一是充分保护和利用现有耕地资源，严守耕地保护红线，通过层层签订耕地保护目标任务责任状，将耕地和永久基本农田在国土空间规划中落地上图、严格保护，给每一块耕地颁发身份证，开展土地综合整治和垦造水田，实现耕地数量、质量、生态三位一体保护。二是落实耕地利用优先序，对耕地实行特殊保护和用途管制，严格控制耕地转为林地、园地等其他类型农用地，永久基本农田限定用于发展粮食生产，特别是保障稻谷、小麦、玉米三大谷物种植。三是在永久基本农田保护区、粮食生产功能区和重要农产品生产保护区，以及"鱼米之乡"试点县和国家级、省级农

作物制种基地县区域化整体推进高标准农田建设，抓好高效节水灌溉、小型水源工程和农田宜机化建设等，提高耕地基础地力对粮食产量的贡献度。

第二，有序推动生物育种技术研发和产业化应用。一是对标"生物技术+人工智能+大数据信息技术"种业4.0时代育种标准，发挥种业后发优势，以研发储备一批、中试熟化一批、集成应用一批粮食作物新品种新技术为抓手，推动生物育种成为现代农业发展新引擎。二是以水稻、玉米、小麦、薯类、豆类油料为重点，加强粮食作物的育种和生产技术攻关，加快培育一批优质、高产、抗逆与抗病相结合的突破性新品种和专用品种。三是积极开展大豆与其他作物的复合种植技术、中低产耕地土壤改良和肥力提升技术研究，优化秸秆还田、有机无机配施、耕作制度优化等技术，着力提高全省耕地内在质量。

第三，重视人的主观能动性。一是大力激发科研人员创新创业积极性，鼓励他们把论文写在田野上，鼓励科研人员肩负起历史赋予的科技创新重任，积极营造开展科技创新的良好氛围。二是持续强化农民职业技能培训，把培育高素质农民作为乡村振兴人才支撑的重要途径，培养一批有文化、懂技术、善经营、会管理的高素质农民队伍，让农民用最好的技术种出最好的粮食。

（二）推进粮食和重要农产品主产区农业现代化，多措并举推进助农增收

面向粮食生产全产业链配置科技资源，把现代科技和先进的管理方法、技术手段应用到育种、耕作、收割、加工和流转等各个环节，加强农业与科技融合。提高粮食和重要农产品主产区机械化水平，加快补齐农田水利建设短板，推动其率先实现农业现代化。以现代农业园区建设为抓手，以高标准农田、智能化农机装备和农业大数据平台为基础支撑，发展绿色农业、生态农业、高效农业、智慧农业，促进农业数字化向产、供、销全产业链渗透，发挥农业园区在保耕地、稳产量、促增收等方面的示范作用，充分有效调动农民群众的种粮积极性，激活乡村振兴新动能，加快农业农村现代化步伐。

多措并举推进助农增收，保护粮食种植者的种粮积极性。一是按照政策保本、经营增效的思路，推动粮农增收，进一步完善稻谷和小麦最低收购价政策、玉米和大豆生产者补贴政策等制度，扩大稻谷、小麦、玉米完全成本保险和收入保险试点范围，在政策托底的基础上更好发挥市场作用；二是扶持、培育新型经营主体，鼓励、引导适度规模经营，实现降本增效；三是支持企业与农户等建立利益联结机制，促进产业增效、农民增收；四是建立产后服务中心，为粮食生产者提供代清理、代干燥、代储存、代加工、代销售等专业化产后服务，进一步降低粮食生产者成本。

（三）顺应食物消费结构升级趋势，推进农业供给侧结构性改革

保障粮食安全，还需要推动供需实现更高水平动态平衡。在需求侧方面，

树立大食物观，从更好地满足人民美好生活需要出发，把握城镇化、人口结构变化带来的食物消费结构升级趋势。

在供给侧方面，顺应食物消费结构升级趋势，在确保粮食供给的同时，保障肉类、蔬菜、水果、水产品等各类食物有效供给，缺了哪样也不行。既要保数量，也要保多样、保质量，关键是深入推进农业供给侧结构性改革，提高农业综合生产能力。统筹利用森林草地、江河湖海等国土资源空间，挖掘各类资源潜力，优化空间布局，拓展多元食物供给路径。全方位、多途径开发食物资源，开发丰富多样的食物品种，提高供给体系的适配性、精准性，更好地满足人民群众日益多元化的食物消费需求。

习近平总书记强调，确保重要农产品特别是粮食供给，是实施乡村振兴战略的首要任务。"七山一水两分田"，四川山地、丘陵面积超过84%，是西部唯一的粮食主产省，又是全国粮食消费、转化第一大省和调入第二大省。实现产需平衡，四川要扛稳粮食安全这个重任，在新时代打造更高水平的"天府粮仓"，努力开创乡村全面振兴新局面。

参考文献

［1］习近平.论"三农"工作［M］.北京：中央文献出版社，2022.

［2］粮食安全是"国之大者"［N］.人民日报，2022-03-15.

［3］把提高农业综合生产能力放在更加突出的位置 在推动社会保障事业高质量发展上持续用力［N］.人民日报，2022-03-07.

［4］韩杨.中国粮食安全战略的理论逻辑、历史逻辑与实践逻辑［J］.改革，2022（1）：43-56.

作者简介

苏静，女，中共四川省委党校（四川行政学院）区域经济教研部讲师，博士。

推进高校毕业生就业创业工作

      党中央高度重视高校毕业生就业，采取了一系列政策措施。当前正是高校毕业生就业的关键阶段，要进一步挖掘岗位资源，做实做细就业指导服务，学校、企业和有关部门要抓好学生就业签约落实工作，尤其要把脱贫家庭、低保家庭、零就业家庭以及有残疾的、较长时间未就业的高校毕业生作为重点帮扶对象。

——2022 年 6 月习近平总书记来川视察强调

      在高校毕业生就业创业的关键阶段，2022 年 6 月 8 日下午，习近平总书记来到宜宾学院视察高校毕业生就业创业工作。习近平总书记在视察中指出："党中央十分关心民生工作，民生首先是就业，我们对高校毕业生就业问题特别关心。" 4 月 29 日，习近平总书记主持召开中央政治局会议，分析研究当前经济形势和经济工作，审议《国家"十四五"期间人才发展规划》，也对稳定和扩大就业、人才工作等提出了明确要求。高校毕业生是重点就业群体，他们的就业不仅关系着自身、关系着家庭，更是推动社会发展、改善我国劳动者素质，进而提高我国综合国力的重要力量。以习近平同志为核心的党中央高度重视高校毕业生就业创业工作，多次对高校毕业生就业工作从政策扶持、就业指导、就业观念转变等方面作出重要指示，彰显了以习近平同志为核心的党中央对就业，特别是对高校毕业生就业创业的关心、关注。

一、全面领会把握习近平总书记对推进高校毕业生就业创业工作提出的重要要求

      就业是民生工程。高校毕业生是重点就业群体。随着我国高校毕业生就业模式从"统包统分"向"双向选择、自主择业""多元就业、鼓励创业"转变，以及我国高考录取率不断攀升，作为重点就业群体，高校毕业生的就业创业工作受到党中央高度。习近平总书记对高校毕业生就业工作多次通过回信、实地视察等方式作出重要指示，全面领会把握习近平总书记对推进高校毕业生

就业创业工作的重要要求，需要把握以下几个方面：

（一）毫不动摇地坚持就业优先的基本原则

实施就业优先战略是习近平经济思想的重要内容。"实施就业优先战略"在"十二五"规划中被首次提出，党的十八大以来，习近平总书记关于就业优先的系列重要论述，不断推动就业优先战略向纵深推进。在新时代高校毕业生就业面临新形势、新挑战的背景下，坚持就业优先战略具有更重要的意义。

当前，我国高校毕业生就业创业面临着诸多挑战，主要表现在以下几个方面：**一是高校数量、高考人数、高考录取率上升，导致高校毕业生数量逐年攀升，就业总量压力偏大。**从统计数据看，我国高考录取率从1978年的7%提高到了2020年的90.34%，招生高校数量从1977年的404所增加到了2019年的2 688所。高录取率、高校数量增加直接带来了高校毕业生的逐年攀升，我国高校毕业生从1978年的16.5万人增加到2022年的1 076万人，就业压力总体偏大。**二是高校毕业生就业创业存在结构性差异。**有学者认为结构性失业是我国高校毕业生就业中的核心问题，也是现实中较难解决的深层次问题[1]。高校毕业生就业存在男女性别差异、区域差异、城乡差距、专业差异等结构性失衡现象。**三是高校毕业生就业服务存在短板。**高校毕业生就业服务、就业帮扶、就业指导是影响高校毕业生就业创业的外在因素。目前我国高校毕业生就业服务存在"重供给轻需求""重后端轻前端""重数量轻质量"等问题，尚未充分发挥对高校毕业生就业创业的促进作用。越是形势严峻，越需要坚持就业优先，越要重视就业质量。"不能为了追求高就业率弄虚作假，不能糊弄上级部门，更不能糊弄学生。"

（二）坚持把发展作为解决高校毕业生就业的根本途径

以习近平同志为核心的党中央坚持将就业放在"六稳""六保"的首位，既体现了对就业的高度重视，更体现了以习近平同志为核心的党中央把发展作为解决高校毕业生就业创业根本途径的工作思路。

习近平总书记指出："没有一定增长不足以支撑就业，解决就业问题，根本要靠发展，把经济发展蛋糕做大，把就业蛋糕做大。"就业优先内含着推动经济发展与扩大就业形成良性循环的格局，经济发展的过程就是扩大就业的过程，经济结构优化的过程就是改善就业结构的过程。2022年的《政府工作报告》也指出：2022年国内生产总值预期增长目标5.5%的设定，"主要考虑稳就业保民生防风险的需要，并同近两年平均经济增速以及'十四五'规划目标相衔接"。因此，解决就业的根本途径还在于坚持发展第一要务，把发展作为解决一切问题的出发点和落脚点。在需求收缩、供给冲击、预期转弱的三重压力下，党中央坚持"疫情要防住、经济要稳住、发展要安全"，不断拓宽市场化就业途径。通过多措并举为民营经济纾困解难，把民营经济吸纳就业的优势发挥出来；依托互联网等现代信息技术手段，推动产业转型升级，发展新经济、新业态，不断创造新的就业岗位；鼓励机关、企事业单位、科研机构等吸纳高校毕业生，最大限度地解决高校毕业生就业问题。

（三）把技能培训作为解决就业问题的重要手段

当前我国就业市场存在结构性失衡现象，就业供给和就业需求"冰火两重天"。一方面大量的高校毕业生就业难，另一方面大量的企业招工难。造成二者之间冲突的主要原因在于高校毕业生的受教育结构和企业需要的劳动者结构之间存在错配。2020年全国第七次人口普查数据显示，中国15岁以上人口的平均受教育年限为9.9年，大幅度低于发达经济体。实践表明，职业教育对于提高劳动者职业技能，进而提高劳动者就业能力具有重要意义。

习近平总书记多次强调，要大力发展职业教育，培养大批高素质劳动者和职业技能人才。除了职业技能培训，要更加积极地开展产教融合，推动学校从创新前端与企业的应用型创新相结合，通过教学结构调整，让学生获得和掌握就业所需要的职业技能。

二、幸福生活是靠劳动创造的

习近平总书记指出："劳动最光荣，幸福生活是靠劳动创造的，一夜暴富、一夜成名是不现实的；大学生要怀着一颗平实之心，综合考虑自身条件和社会需求，从实际出发选择职业和工作岗位。"党的十八大以来，习近平总书记多次给大学生回信，勉励其奋斗追梦，其中蕴含着习近平总书记对高校毕业生择业观、价值观的深情关注。

（一）引导高校毕业生形成正确的就业观

改革开放以来，高校毕业生择业观经历了被动等待安排、主体意识唤醒、趋利性功利性择业、务实择业、就业创业灵活择业等发展阶段的演变[2]。同时，"90后""00后"等就业群体受其生长环境中消费主义、享乐主义等思潮的影响，将"钱多、事少、离家近"等作为择业原则，就业方向、就业种类等过于单一。在新型冠状病毒感染疫情背景下，高校毕业生就业观念还出现了新的特点。出现了稳定至上的择业观，向体制内卷，更倾向于向政府部门、国有企业、科研院所和大中专院校等单位扎根[3]。疫情对中小企业和自主创业造成冲击，体制内岗位供给有限等，加剧了高校毕业生就业的难度，客观上推动高校毕业生在择业时产生了迷茫、焦虑、被动等待等心态。

在上述背景下，引导高校毕业生形成正确的择业观在当下具有更重要的意义。"怀着一颗平实之心"正体现了以习近平同志为核心的党中央对高校毕业生就业观择业观的正确引导。首先要进一步弘扬马克思主义劳动价值理论的时代价值，引导和增强高校毕业生树立"劳动创造价值""踏实、勤奋、向上"的劳动价值观，用劳动创造美好生活，克服各种消极、被动、享乐思想。其次要加强对大学生和高校毕业生的思想政治教育，秉持健康向上的择业观。要引导高校毕业生统筹考虑就业市场和自身能力之间的关系，准确把握就业市场的需求，推动自身就业的有效对接。特别是在疫情的特殊就业背景下，更要引导高校毕业生根据个人能力、素质等情况对岗位需求进行理性评价，选择更贴近个人需求、更能体现个人价值的就业岗位。

（二）引导高校毕业生形成扎根基层成才的就业观

习近平总书记强调，"引导大学毕业生到基层和生产一线工作是一项重要的战略任务，既为大学生就业拓宽了渠道，又为青年学生锻炼成才提供了舞台"[4]。党中央为引导高校毕业生到基层就业，通过大学生志愿服务西部计划，选聘高校毕业到村任职、担任第一书记等方式引导高校毕业生到基层建功立业。近年来陆续印发了《关于引导和鼓励高校毕业生面向基层就业的意见》《关于进一步引导和鼓励高校毕业生到基层工作的意见》，并且在《关于印发"十四五"就业促进规划的通知》中鼓励高校毕业生到中西部、东北、艰苦边远地区和城乡基层就业。

基层就业空间广阔，在就业形势严峻的背景下，引导高校毕业生到基层就业，既能够有效缓解高校毕业生就业压力，也能够在基层培养、锻炼高校毕业生，具有重要的现实意义。人力资源和社会保障部、财政部明确提出，2022年将计划招募 3.4 万名高校毕业生参与"三支一扶"计划。同 2021 年相比，2022 年"三支一扶"计划的规模更大、领域更宽、服务内容更加贴合基层需要，该计划已经成为高校毕业生成长的实践课堂。

（三）引导高校毕业生将个人理想追求融入党和国家事业中

习近平总书记通过主旨演讲、交流座谈、信件回复等多种形式，表达了高校毕业生和青年要将小我融入大我的观点，引导高校毕业生在为实现中华民族伟大复兴的奋斗中实现个人价值。如习近平总书记在给河北保定学员西部支教毕业生群体代表的回信中以"到基层和人民中去建功立业"诠释中国梦，希望青年学生在实现中国梦的伟大实践中书写精彩人生[5]。在给中国石油大学（北京）克拉玛依校区毕业生回信中，习近平总书记肯定了大学毕业生到边疆基层工作的人生选择，并鼓励广大高校毕业生"把个人的理想追求融入党和国家事业之中，为党、为祖国、为人民多作贡献"。

引导高校毕业生将个人理想追求融入党和国家事业之中，彰显了以习近平同志为核心的党中央将高校毕业生实现个人理想与党和国家事业发展紧密联系在一起的思想。当前正处于我国全面开启实现第二个百年奋斗目标的新征程阶段，高校毕业生正处于中华民族发展的最好时期，既要把追求和实现个人价值作为择业的重要出发点，更要肩负起"天将降大任于是人"的国家建设使命[6]。在新型冠状病毒感染疫情、经济下行压力增大等客观环境的影响下，高校毕业生就业面临着更加严峻的形势。越是这种时候，越需要高校毕业生保有一颗平常之心，以平实之心应对复杂形势。严峻的形势更能考验高校毕业生是否具备实现中华民族伟大复兴的能力和素质，更能推动高校毕业生将个人发展与实现第二个百年奋斗目标统一起来。

三、做实做细就业指导服务

目前关于高校毕业生就业影响因素的研究，总体上可以分为外部影响因素和内部影响因素[7]。外部影响因素包括高等教育发展的变化、用人单位需求的变化、就业市场的变化等。而内部因素主要包括高校毕业生自身能力素质。因此做实做细就业指导也应该从外在的加强就业指导和内在的提高高校毕业生就业能力两个角度发力。

（一）加强对高校毕业生的就业指导

创新高校毕业生就业创业的体制机制需要突出几个转变。**一是从"重后端轻前端"转向全流程的就业指导**。目前多数高校的职业规划、就业指导类课程主要从大学四年级开始设立，设立时间较晚，而国外的就业指导贯穿了大学全过程。除了指导如何就业、如何择业外，国外更加重视高校毕业生自我评价，自我评价为高校毕业生结合自身实际客观择业奠定了良好基础。如宜宾学院开展的"五个阵地"建设，就是创新形式的全流程就业指导。**二是设置专门的就业指导机构、人员、经费**。就业指导面对的学生群体规模大、需求差异化明显，且实践性的就业指导需要一定的经费支撑。就业指导较好的高校一般都设立有专门的就业指导机构。从事就业指导的人员具有专业化特点，普遍具有心理学、教育学、职业指导等相关职业资格认证，职业化特征明显。为保障就业指导机构顺利开展工作，部分高校采取市场化和政府扶持等方式，设置了专门的就业指导和职业规划经费，为开展就业指导工作提供了充足的经费保障。**三是突出不同时期就业服务的不同重点**。不同于国内高校主要提供就业讲座、就业信息、举办招聘会等单一的就业指导形式，宜宾学院构建了完整的学生生涯规划和就业指导体系。大学一年级重在提供职业生涯规划，让学生了解就业市场、就业状况；大学二年级更加重视立足大学生个性化需求，发现学生的特长、兴趣，进而有针对性地提高学生的专业能力和创新能力，为未来就业明确方向；大学三年级主要为学生提供就业指导培训，从演讲与口才、面试技巧、求职技巧等方面提供实战培训；大学四年级主要通过线上线下招聘会和各类精准的就业指导，采取"一人一档""一人一策"，提供精准的就业指导。正是突出了全流程、有重点的就业指导，宜宾学院 2021 年本科毕业生就业率为 92.18%，专科毕业生就业率为 96.2%。截至 6 月 11 日，2022 年应届毕业生去向落实人数达到 4 351 人，毕业去向落实率达到 77.2%。

（二）把提高就业能力作为促进高校毕业生就业的重要手段

就业市场的变化对高校毕业生提出了更高的就业能力要求。目前关于就业能力的内涵及特征并无定论。部分学者认为就业能力就是就业者获取工作的能力，也有部分学者认为就业能力除了包括就业者获取工作的能力，还包括保持工作、稳定工作的能力。国际劳工组织（ILO）则认为，就业能力是个体获得和保持工作、在工作中进步以及应对工作生活中出现的变化的能力[8]。从就业质量角度看，应该将就业能力从单纯的求职阶段延伸到求职、工作阶段，这样更能够体现就业工作的连续性，也更能够体现就业的可持续性。**一是要培养就业基本能力**。通过对部分学生就业情况的调查研究发现，高校毕业生的实践能力、解决问题能力、学习能力、逻辑分析能力等是直接影响高校毕业生就业的基本能力[9]。**二是要培养职业发展能力**。职业发展能力包括高校毕业生的团队合作能力、人际交往能力、抗压能力等。这一能力是决定高校毕业生能否适应工作岗位、保持就业的持续性的重要能力。这一能力可以通过各种假期实践、志愿者活动、实习等方式来提高。学校应让高校毕业生了解社会、了解职场，不断提高自身的各种职业发展能力。**三是要培养适应工作岗位的个性品质**。个性品质包括职业素养、敬业精神、组织行动力、纪律性等。

参考文献

[1] 王霆，曾湘泉. 高校毕业生结构性失业原因及对策研究 [J]. 教育与经济，2009（1）：1-4.

[2] 朱丽丽，韩静. 改革开放以来大学生择业观的嬗变与思考 [J]. 未来与发展，2019（5）：40-44.

[3] 崔豪豪，毛晓霞. 疫情防控常态化背景下高校毕业生就业难点分析及对策研究 [J]. 高教学刊，2022（1）：18-21.

[4] 肖亚楠，贺晓青，杨阳. 新时代引导高校毕业生到基层建功立业的"五维一体"工作机制探索与实践 [J]. 未中国大学生就业，2022（8）：17-22.

[5] 铁铮，姜光秀. 习近平总书记给高校青年回信的重要意义和价值底蕴 [J]. 中国高等教育，2020（22）：20-22.

[6] 任亮. 把个人理想追求融入党和国家事业之中 [EB/OL]. (2020-07-16)[2022-07-10].https://m.gmw.cn/baijia/2020-07-16/33998480.html.

[7] 岳昌君，丁小浩. 影响高校毕业生就业的因素分析 [J]. 国家教育行政学院学报，2004（2）：80-86.

[8] 汪怿. 就业能力：促进高校毕业生就业的重要方面 [J]. 教育发展研究，2005（4）：31-34.

[9] 吴敏. 劳动力市场需求视角下的青年学生就业能力研究：基于1 537名新疆大学生就业能力的实证调查 [J]. 新疆社会科学，2022（1）：137-148.

作者简介

刘志慧，女，中共宜宾市委党校（宜宾行政学院）经济学教研室副主任，副教授。

努力提高自主创新能力

我国是制造大国，要努力提高自主创新能力，加快向制造强国转变。中国要强大，各领域各方面都要强起来。全面建设社会主义现代化国家，实现中华民族伟大复兴，前途是光明的，道路是曲折的，还会面临许多激流险滩，要勇于迎接各种风险挑战。

——2022 年 6 月习近平总书记来川视察强调

自主创新是实施创新驱动发展战略的根本支撑，是我国从制造大国迈向制造强国的核心驱动力，也是构建新发展格局、实现高质量发展，提高综合国力的必由之路。贯彻落实习近平总书记努力提高自主创新能力的重要指示精神，对坚持走四川特色自主创新道路，推动新时代治蜀兴川再上新台阶，全面建设社会主义现代化四川具有十分重要的意义。

一、科技创新是"国之大者"

（一）创新是引领发展的第一动力

习近平总书记指出，创新是引领发展的第一动力。这一重大论断，是对创新与发展关系的深刻认识和高度总结。从国内看，过去那种依靠高资本积累、低劳动成本、消耗资源和牺牲环境为主的粗放型经济增长方式已难以为继，必须加快从要素驱动发展向创新驱动发展转变；从国际看，百年变局和世纪疫情交织，要走出世界经济发展面临的需求收缩、供给冲击、预期转弱等困境，引领世界经济长远发展最终必须依靠创新驱动。目前，我国创新能力总体不强，例如医疗器械行业缺少核心竞争力，高端医疗器械95%依赖进口，制造业大批核心关键材料自给率仅为14%，中国企业在全球芯片产业链中还处在中低端领域等。尽管中国创新对经济增长的贡献率已经从2001 年的39%攀升至2020 年的60%，但世界创新型国家的贡献率普遍在70%以上，美国和德国甚至高达80%，我们与其相比仍然有一定差距。党的十八届五中全会提出要牢固树立创新、协调、绿色、开放、共享的发展理念，并把创新摆在新发展理念之首。党的十九届五中全会提出要大力实施创新驱动发展战略，把科技自立自强作为国家发展的战略支撑，摆在各项规划任务的首位。党和国家正在通过推进理论创新、制度创新、科技创新、文化创新等各方面创新，让创新贯穿一切工作，让创新蔚然成风。

（二）科技创新是提高社会生产力和综合国力的战略支撑，必须摆在国家发展全局的核心位置

创新是多方面的，包括理论创新、体制创新、制度创新、人才创新等，但科技创新地位和作用十分显要。自古以来，科学技术就以一种不可抗拒的力量推动着人类社会向前发展，世界发生的多次科技革命，每一次都深刻影响着世界格局的形成。当前，新一轮科技和产业革命催生的互联网+、共享经济、3D打印、智能制造等新理念、新业态蕴含巨大商机，我们必须紧紧抓住这难得的历史机遇。我们能不能在国际上腰杆硬起来，能不能跨越"中等收入陷阱"，很大程度取决于能否提升科技创新能力。因此，实施创新驱动发展战略，必须紧紧抓住科技创新这个"牛鼻子"，坚持需求导向和产业化方向，坚持企业在科技创新中的主体地位，发挥市场在资源配置中的决定性作用和社会主义制度优势，不断形成新的增长动力，推动经济持续健康发展。

（三）科技创新最重要的是提高自主创新能力

"国之利器，不可以示人。"真正的核心技术是买不来的。只有拥有强大的科技创新能力，才能提高我国国际竞争力。只有把核心技术掌握在自己手中，才能真正掌握竞争和发展的主动权，才能从根本上保障国家安全。我国与发达国家科技实力的差距，主要就体现在自主创新能力上。过去，我国发展主要依靠引进国外技术和对国外技术的跟踪模仿，如果继续采用这种思路，不仅会和发达国家拉大差距，还将被长期制约在产业链的低端。因此，必须着力提高自主创新能力，充分发挥社会主义制度集中力量办大事的优越性，积极开展国际科技交流合作，用好国际国内两种科技资源。一方面跟踪全球科技发展方向，努力赶超，力争缩小关键领域差距，形成比较优势；另一方面，坚持问题导向，加快推进国家重大科技专项，深入推进知识创新和技术创新，增强原始创新能力、集成创新能力和引进消化吸收再创新能力，不断取得基础性、战略性、原创性的重大成果，通过自主创新突破发展瓶颈。

二、培养创新型人才是国家、民族长远发展的大计

（一）创新是引领发展的第一动力，人才是创新的第一资源

当今世界的竞争说到底是人才竞争、教育竞争。"盖有非常之功，必待非常

之人。"人才资源是创新活动中最为活跃、最为积极的因素。只有拥有大批创造能力强的尖端人才，才会拥有科技创新的话语权，才可能快速推动经济社会的发展。面临西方敌对势力在核心科技上的封锁，面临世界百年未有之大变局，"灰犀牛""黑天鹅"事件层出不穷，各类风险、危机、陷阱和不确定性同时存在，只有把科技创新搞上去，只有建设一支规模宏大、结构合理、素质优良的创新人才队伍才是根本之道。培养集聚人才，既要有识才的眼光、用才的胆识、容才的雅量、聚才的良方，更要有健全集聚人才、发挥人才作用的体制机制。

（二）要重视人才自主培养，着力实施人才强国战略

2003 年，全国人才工作会议明确提出实施人才强国战略；党的十七大将人才强国战略写进党章；党的十九大报告指出，人才是实现民族振兴、赢得国际竞争主动的战略资源，强调要加快建设人才强国。人才强国战略的实施，将极大地调动各类人才的积极性和创造性，激发我国经济社会各项事业发展的活力。实现人才强国目标，包含两层含义：一是建成人才培养强国，我国虽然是人口、劳动力资源大国，但却不是人才强国，要实现由人口大国向人才大国转变，必须提高人才素质、优化人才结构、提高人才使用效能、提升人才竞争优势；二是依靠人才建成强国，充分利用好人才资源，发挥出人才作用，不断提高科技对经济增长的贡献率、科技成果转化率、人才贡献率等。

（三）创新型人才是科技创新活动的主体，青年科技创新人才是科技创新事业蓬勃发展的生力军

当前，我国正处于推动自主创新、加快建设创新型国家的重要战略阶段，必须要有一大批符合创新型国家所需要的科技创新人才来承担起建设重任。放眼全球瞩目的中国制造、中国创造、中国建造，国产航母劈波斩浪，5G 商用加快推进，北斗全球组网完成，港珠澳大桥飞架三地……青年人才都扮演着重要角色。中国科学技术协会发布的《第四次全国科技工作者状况调查报告》显示，我国科技工作者队伍的平均年龄为 35.9 岁，青年一代朝气蓬勃、精力旺盛，最具创造热情和创新潜力，当之无愧成为科技创新事业的生力军。要通过用好青年科技人才评价激励"指挥棒"，提供青年科技人才干事创业"大舞台"，打造青年科技人才茁壮成长"生态圈"形成创新驱动发展的良好文化环境，激发青年科技人才创新活力。

三、在加快向制造强国转变中贡献四川力量

（一）提高自主创新能力，在向制造强国转变中凝聚四川智慧

近年来，四川省深入学习贯彻习近平总书记关于科技创新的重要论述，深

入实施创新驱动发展战略，以提升科技创新牵引力、原创力、支撑力、竞争力、聚合力、保障力为抓手，不断提高科技自立自强水平。

一是加强原创性、引领性科技攻关，在基础研究领域持续发力。对集成电路与新型显示、航空与燃机、钒钛稀土资源、智能装备等领域的"卡脖子"关键技术，制定攻关清单，充分发挥战略科技平台、产业技术创新平台和在川高校院所、企业主观能动性，把国家所需与四川所能结合起来，以西部（成都）科学城为主阵地建设天府兴隆湖实验室、天府永兴实验室、国家川藏铁路技术创新中心等综合性科学中心，以中国（绵阳）科技城国家科技创新先行示范区、国家实验室四川基地为重点，打造一批重大科技基础设施集群，不断提升基础研究水平和原始创新能力。四川形成了"地面远距离射频信号高精度同步传输技术及在国家重大工程应用""多组分高分子复合材料强韧化、功能化关键技术及应用"等原创性科研成果。仅 2021 年一年，四川省自然科学奖和技术发明奖提名项目数就从 2020 年的 64 项增加到了 94 项，增长率为 47%，这一数量还将不断攀升。目前，正在制定的《四川省基础研究十年行动计划》将围绕量子科学、物质结构等开展前沿交叉学科研究，继续加强集成电路、新能源、生物技术等应用基础研究。

二是促进创新链产业链深度融合，提高科技成果转移转化成效。先后出台的《四川省促进科技成果转移转化行动方案（2016—2020 年）》《四川省促进科技成果转化条例》为四川全面实施创新驱动发展战略，促进科技成果转化为现实生产力，规范科技成果转化活动，提供了法律和制度保障。习近平总书记指出，创新链产业链融合，关键是要确立企业创新主体地位。近年来，四川充分发挥各生产要素的作用，建立科学的分配制度，优化市场要素配置方式，通过市场变革推动劳动价值完整实现，推进供给侧结构性改革，实现创新驱动发展和区域协调发展，进一步发挥战略性产业的牵引作用。一方面，通过运用后补助、贷款贴息、风险补偿等方式引导更多企业加大研发投入，利用政府投资引导基金对种子期、初创期科技型企业给予支持，实施首台（套）装备、首批次材料、首版次软件应用奖补政策，促进重大创新产品推广应用等方式正向激励企业创新；另一方面，树立以"亩产论英雄"的导向，结合企业单位投资强度、营收产出率、产值能耗等指标评比，促使企业在反向倒逼中提高创新能力，让企业真正成为技术创新决策、研发投入、科研组织和成果转化应用的主体，变"要我创新"为"我要创新"。2021 年，四川全省备案科技型中小企业 1.48 万家，高新技术企业达到 1.02 万家，是 2016 年的 3.3 倍。2021年全省企业研发经费支出达 680 亿元，占全社会研发经费总量的比重预计达到

57.6%，越来越多的企业把目光投向创新，越来越多的科技成果实现了转化转移。

三是全面深化科技体制改革，充分激发创新主体活力。要提高自主创新能力，最紧迫的是要破除体制机制障碍。只有破除体制机制障碍，才能突破科技创新的堵点。近年来，四川启动实施科技体制改革三年攻坚四川行动，从院企合作、科技成果所有权、资金配套、科研环境保障等小切口、大纵深推进科技体制改革。推动产学研深度融合发展，探索建立企业与高校院所等联合开发、多元投资、成果共享、风险共担的新型研发合作机制。在全国率先探索开展职务科技成果权属混合所有制改革，激发了科研人员科技创新和成果转化的积极性，四川省45家试点单位完成职务科技成果分割确权634项，作价入股创办企业100余家，吸引企业投资近70亿元。探索建立省市联动机制，加强地方转移支付力度，综合地方财政投入、项目管理能力等因素，省级科技资金按一定比例，对各地市委市政府重点关注的科技项目予以资金配套支持。并建立健全项目评审、绩效评价等管理机制，实施"揭榜挂帅""赛马"等制度，在个别单位探索推行项目自主验收试点，开展经费使用"包干制"试点，鼓励创新、宽容失败的容错机制，着力打造开放包容、高效协同、近悦远来的科技创新环境。一系列科技体制改革，为激发创新主体活力，形成探索、研制、生产、转化的良性循环提供了制度保障。

（二）形成科技创新集群，在向制造强国转变中展现四川担当

四川省第十二次党代会报告提出，四川将全面落实"四个面向"要求，坚持一头抓国家战略科技力量建设、一头抓产业技术创新和全社会创新创造，优化完善创新资源布局，加快建设具有全国影响力的科技创新中心，具体体现在以下三个方面：

一是推进科技创新，在各领域积极培育高精尖特企业，打造更多"隐形冠军"，形成科技创新体集群。"隐形冠军"可以说是高端、专业化发展中小企业的典型代表，四川要加快建设具有全国影响力的科技创新中心，迫切需要涌现大批业务专注且质量精良、能够支撑先进制造业发展、体现科技创新成效、能够助力对外开放走向世界的"隐形冠军"。"隐形"是指这些企业几乎不为外界所关注，而"冠军"则是说这些企业在各自所在的领域占有很高的市场份额，有着独特的竞争优势。近年来，四川对"隐形冠军"企业的重视程度不断加强，建立完善"专精特新"重点企业培育库，先后出台了众多资金、人才、土地、税收等方面的优惠政策，引导部分低效率企业有序退出市场，促进资源优化配置，积极了解和回应企业家主要关切，增强企业发展实业

的信心，从而为"专精特新"企业发展创造更好的环境。此次习近平总书记前往的极米光电科技有限公司就是在省级引导基金用三轮投资助力下成长起来的"隐形冠军"，还有金象赛瑞化工、东材科技等"隐形冠军"的成长都离不开政府的大力支持。下一步，四川将继续发挥基金和产业投资优势，努力培育和孵化更多"隐形冠军"，为服务实体经济、推动现代产业高质量发展和加快推进治蜀兴川再上新台阶做出更大贡献。

二是积极争取国家对科技园区建设、发展的引导和扶持，使其形成特色和优势，发挥集聚和示范带动效应。四川将高新区建设成为创新驱动发展示范区和高质量发展先行区，为推动在西部形成高质量发展的重要增长极和新的动力源提供有力支撑。《四川省人民政府关于促进高新技术产业开发（园）区高质量发展的实施意见》提出，到2025年将建成国家高新区10个，省级高新区25个，打造营业收入超万亿元高新区1个、超千亿元高新区15个以上，高新区地区生产总值占全省地区生产总值达16%。要实现这一目标，除了发挥自身主观能动性外，还要积极争取国家支持。近年来，"一带一路"建设，以及长江经济带发展、新时代推进西部大开发形成新格局、成渝地区双城经济圈建设和数字经济创新发展试验等国家战略深入实施，为四川自主创新提供了良好的机遇和平台，重大基础设施、重大生产力和公共资源优化配置进一步完善，创新资源集聚转化功能进一步增强。成渝西部科技城、成渝科技创新中心、川藏铁路等国家技术创新中心，成都国家新一代人工智能创新发展试验区，绵阳科技城区域科技创新特区，甘孜藏族自治州（以下简称"甘孜州"）、阿坝藏族羌族自治州（以下简称"阿坝州"）、凉山彝族自治州（以下简称"凉山州"）"飞地"园区，高新技术开发区等创新型产业集群在国家层面的政策支持、经费扶持之下不断壮大。

三是优化区域创新布局，着力提升中国（绵阳）科技城创新能级，加快建设国家科技创新先行示范区和成渝地区双城经济圈创新高地。

要以成渝地区双城经济圈建设和四川省委高质量发展战略为引领，优化区域创新布局，加快构建以成都和绵阳为主引擎、成都都市圈为主承载、其他区域中心城市和节点城市为重要支撑的区域协同创新格局。这样布局的原因在于成都和绵阳在四川科技创新中具有重要地位。四川有近三分之二的科技创新平台、超过一半的研发人员集中在成都，全省近七成的有效发明专利、超六成的高新技术产业营业收入来自成都；四川一半的两院院士在绵阳，绵阳全社会研发投入强度长期保持在6.5%以上，居四川之首，尤其是核科学、航空动力、空气动力等技术领域处于全国领先地位。以西部（成都）科学城和中国（绵阳）科技城为重点支撑，发挥创新"头部效应"，将有助于形成全球一流创新资源能力的"引领场景"。在新一轮创新发展中，成都以西部（成都）科学城、天府实验室为契机，打造面向全球的创新策源地和科研主阵地，形成以综合性国家科学中心为统揽、天府实验室为核心、重大科技基础设施为依托的战略科技力量集聚模式，从而增强创新主干和极核功能。作为我国唯一的科技城和重要的国防军工科研生产基地的绵阳，要以建设绵阳科技城新区为契机，建设绵阳高质量发展的动力源和增长极，布局一批高能级创新平台，实施一批具有前瞻性、战略性的重大科技项目，推动科技资源共享、标准通用、任务对接、联合攻关，进一步擦亮科技城"金字招牌"，提升创新能级。而成绵创新"双引擎"可以形成更大的"整合"和"互补"格局，形成"1+1＞2"的创新资源配置效应，并且通过自身创新联动的空间半径，带动更多区域融入全省创新格局之中。

（三）重视人才培养使用，在向制造强国转变中提供四川方案

近年来，四川大力实施人才强省战略，省级人才专项事业编制数量从1 000个增加到2 000个，较过去增加1倍，博士后资助标准从每人8万元提高至16万元，全省两院院士达65人。截至2021年年末，全省各类专业技术人员达371万名，比2016年增长25%。

一是实行更积极、更开放、更有效的人才政策，大力集聚高层次创新型人才。要吸引"高精尖缺"人才来川发展，首要条件是"硬核"的人才政策。近年来，四川先后出台"千人计划""天府高端引智计划""留学人员回国服务四川计划""企业博士集聚计划"，吸引海内外高端人才、高层次团队来川创新创业，外籍专家来川服务，留学回国人员来川工作和紧缺专业博士到企业从事科学研究。对特殊需要的战略科技人才，甚至可以特事特办，实行"一人一策"引进。同时，着眼提高人才待遇、增强人才竞争力，制定出台《四川省高层次人才特殊支持办法（试行）》，综合运用安家补助、岗位激励、项目和平台支持等优惠政策，完善离岗创业政策、成果转化激励政策、科研项目经费管理；改进因公临时出国管理，对教学科研人员出国开展学术交流合作实行与其他性质的出访区别对待和便利化管理；通过实行股权奖励激励政策等方式确保高层次人才引得进、留得住、用得好。通过创新机制、优化政策、强化保障，聚集一批高层次人才，推广一批优秀引智成果，打造一批引才引智基地，为提升自主创新能力、经营管理能力和产业核心竞争力提供了坚强的人才和智力支撑。

二是进一步建立健全人才培养使用机制，提升创新能力。充分发挥教育系统的人才培养平台优势，制定出台《中共四川省委 四川省人民政府关于深化

人才发展体制机制改革 促进全面创新改革驱动转型发展的实施意见》《四川省扩大高等学校科研院所医疗卫生机构人事自主权十条政策》《四川省教育厅四川省人力资源和社会保障厅关于改进职称管理服务方式推进高等学校职称评审制度改革的意见》《关于扩大高校和科研院所科研自主权的若干政策措施》《关于加强新时代高校人才队伍建设的若干举措》《四川省"十四五"科技人才发展规划》，从扩大公开招聘自主权、畅通人才流动渠道、创新编制管理方式、下放职称系列评审权限、加大与海内外名校名院名企的战略合作等方面加强人才工作顶层设计和系统谋划，充分发挥院企优势培养人才，以人才集聚带动产业集聚。

三是完善人才服务保障机制，为创新型人才创造优良环境。优化外国专家来川工作服务，落实外籍高层次人才认定、办理人才签证、出入境及居留、申报永久居留等便利政策。全面推行"天府英才卡"制度，完善省市县三级服务保障体系，为符合条件的重点产业人才提供子女就学、家属就业、医疗保障、住房保障等服务。支持人才集聚的产业园区、大企业利用自身存量用地建设租赁住房，鼓励产业园区、企业为人才提供租房补贴、购房补助、购房贷款贴息等多种形式的住房资助。

参考文献

［1］习近平.习近平谈治国理政：第三卷［M］.北京：外文出版社，2020.

［2］中共中央文献研究室.习近平关于科技创新论述摘编［M］.北京：中共文献出版社，2016.

［4］王晓晖.高举习近平新时代中国特色社会主义思想伟大旗帜 团结奋进全面建设社会主义现代化四川新征程：在中国共产党四川省第十二次代表大会上的报告（2022年5月27日）［N］.四川日报，2022-06-06.

［5］黄强.坚决扛起高水平科技自立自强时代重任 在"振芯铸魂固根"上为国家作出新贡献［N］.学习时报，2021-10-11.

［6］西蒙.隐形冠军［M］.邓地，译.北京：经济日报出版社，2005.

［7］徐莉莎.四川全社会研发经费支出突破1 000亿元［N］.四川日报，2022-05-11.

［8］易琳.习近平科技创新观研究［D］.重庆：西南大学，2020.

［9］中共科学技术部党组，中共中央文献研究室.创新引领发展，科技赢得未来［N］.人民日报，2016-02-18.

作者简介

张丽君，女，中共绵阳市委党校（绵阳行政学院）党史党建教研室讲师。

树立上游意识 强化上游担当

保护好长江流域生态环境，是推动长江经济带高质量发展的前提，也是守护好中华文明摇篮的必然要求。四川地处长江上游，要增强大局意识，牢固树立上游意识，坚定不移贯彻共抓大保护、不搞大开发方针，筑牢长江上游生态屏障，守护好这一江清水。

——2022 年 6 月习近平总书记来川视察强调

习近平总书记来川视察讲话充分彰显了党中央对生态修复保护工作的高度重视。四川在生态修复保护方面一直处于全国领先地位。四川广大党员干部要牢记习近平总书记的殷殷嘱托，明晰自身定位，树立上游意识，强化上游担当，共同建设美丽四川。

一、树立上游意识，筑牢长江黄河生态屏障

所谓上游是指河流接近发源地的部分，也用于比喻先进的地位。上游意识不仅指地处上游的区位意识，还指一种积极追求美好的向上意识、上进意识。

（一）树立区位上游意识，筑牢长江黄河生态屏障

四川是长江黄河的水源涵养区，具有净化水质、涵养水源、水土保持和保护生物多样性的重要生态屏障功能。四川省96.6%的水系属于长江水系，省内1.87万平方千米属于黄河流域[1]。长江黄河四川上游段流经了全国重要畜牧区，沿途分布着多个重要交通枢纽城市，集中了大部分的水能资源，有着丰富的自然资源和重要的交通区位优势。长江经济带和丝绸之路经济带在四川交汇，同时四川还是实施西部大开发战略和长江经济带国家重大发展战略的重要地区。四川地处长江黄河上游，树立区位上游意识不仅要明晰四川在地理区位的上游定位，还要以高度的责任上游意识和高标准的工作要求上游意识对待生态工作，在筑牢长江黄河生态屏障工作中永争一流，走在前列。保护长江黄河生态环境，筑牢长江黄河生态屏障，上游是关键。上游干净了，长江黄河才能干净。上游是源头，是保护长江黄河最为关键的"牛鼻子"。上游生态屏障筑

牢了，整个长江黄河的生态才能得到稳定修复。这不仅关系到巴山蜀水的秀美风光，更关乎国家生态安全和可持续发展。因此，要坚定四川地处长江黄河上游的上游意识，以高度的责任心和高标准的工作要求，切实践行习近平总书记来川视察讲话精神，保障生态环境保护政策的落地落实，做到让党中央放心，让群众满意，使社会安定团结有序，为满足人民群众不断增长的美好生活需要努力奋进。

（二）增强战略大局意识，正确处理利弊关系

筑牢长江黄河生态屏障是治国理政新理念新思想新战略，是全面建设社会主义现代化四川的重要内容，必须从中华民族长远利益考虑，必须始终将长江黄河流域生态保护和高质量发展当作头等大事来抓。增强战略大局意识是指增强"一盘棋"的大局观，把筑牢长江黄河生态屏障工作放到全国战略大局中去思考、定位、谋划，充分认识四川在维护国家生态安全中的战略屏障作用，用开阔的视野、前瞻性的思维、整体保护的意识和站高谋远的眼界，放眼全局，着眼大局，正确处理中央与地方、局部与全局、当前与长远的关系。在想问题、作决策、谋发展时对中下游负责，为中下游着想，以生态保护系统性、整体性和完整性的规律为遵循，实现干支流、左右岸、上下游及林田湖草的综合利用和保护。坚决贯彻落实中央、省委关于筑牢长江黄河生态屏障的决策部署，在谋划生态保护、区域经济建设和发展工作中，守好"责任田"，履行好自己的责任，解决好自家的问题，做好属地环保工作。不断提高思想认识，更新观念，坚持新发展理念，在大局中展现责任担当，在责任担当中体现大局意识，着眼长江黄河全流域，对长江黄河全流域负责，切实站好保护中华民族母亲河的岗哨[2]。

（三）树牢生态保护意识，精心呵护美丽家园

生态保护意识是对自然生态领域的安全防范认识，是对自然生态风险发生的一种防御和准备、减少生态损失的策略和建议，对于保护生态环境起着引导、优化和促进作用。环境就是民生，绿水青山就是金山银山，蓝天白云青山碧水就是幸福和美丽。生态环境没有替代品，用之不觉，失之难存。碧水蓝天就是一笔既买不来也借不到的宝贵财富，破坏了就很难再次恢复。要把保护生态环境作为四川发展的重要立足点，放在更加突出的位置，像保护眼睛一样精心呵护生态环境。要严格落实贯彻国家主体功能区战略，划定长江黄河流域生态保护红线面积，着力推进生态文明先行区、循环经济发展先行区、民族团结进步先进区，扎扎实实推进生态环境保护和民族地区发展[3]。要统筹推进生态工程，节能减排、环境整治，筑牢长江黄河生态屏障，使四川成为西部一张靓丽的名片。

二、强化上游担当，造福长江流域

在树牢上游意识的同时，更要强化上游担当。这是用认识指导实践，理论联系实际的过程。通过强化担当之责，扛起生态保护之政治责任，打造美丽环境，切实体现讲政治、抓发展、惠民生、保稳定[4]。

（一）强化上游担当，扛起长江黄河上游生态保护政治责任

习近平总书记对四川生态文明建设高度重视，要求四川抓好生态文明建设，让天更蓝、地更绿、水更清。2018 年，习近平总书记来川视察时强调：要牢固树立和践行绿水青山就是金山银山的理念，把建设长江上游生态屏障放在重要的位置。四川省委为全面贯彻落实党中央关于绿色发展的新战略新部署新理念，筑牢长江上游生态屏障、维护国家生态安全的战略使命，作出了《中共四川省委关于推进绿色发展建设美丽四川的决定》，向全省发出了"建设美丽四川"的号召。保护好长江流域生态环境，是推动长江经济带高质量发展的前提，也是守护好中华文明摇篮的必然要求[5]，习近平总书记在多个场合充分肯定了保护长江黄河生态的重要意义，为做好长江黄河上游流域生态修复保护和高质量发展提供了明确的方向指引。要坚定以习近平生态文明思想和习近平总书记来川视察重要指示精神为引领，切实担负起保护母亲河的重要政治责任，自觉践行"两山"理念，坚持生态优先、绿色发展的先进理念，"共抓大保护、不搞大开发"，协同推进系统治理、源头治理、综合治理等各项工作，坚决筑牢长江黄河上游生态屏障。

（二）强化生态保护担当，营造天蓝、地绿、水清的美丽环境

一是持续开展大气污染防治行动，综合运用经济、法律、技术和必要的行政手段，大力调整优化产业结构、能源结构、运输结构和用地结构，强化区域联防联控，狠抓秋冬季污染治理，坚决打赢蓝天保卫战，实现环境效益、经济效益和社会效益多赢。大幅减少主要大气污染物排放总量，协同减少温室气体排放，进一步明显降低 PM2.5 浓度，明显改善环境空气质量，明显增强人民的蓝天幸福感。二是要打赢碧水保卫战。加强重点行业企业整治，推动农副食品加工、原料药制造等重点行业企业按期完成改造任务。分年度、分行业全面推进工业污染源达标计划，完成各类工业污染源超标问题整治工作，确保企业环境守法成为常态。加快城镇污水处理设施建设与改造，全面加强配套管网建设。推进农业农村污染防治，严格禁养区管理，治理水产养殖污染，全面实施水域滩涂养殖证制度，合理规范水产养殖布局和规模，规范河流、水库等天然水域水产养殖行为。治理船舶污染，加强港口码头污染防治。同时，整治黑臭

水体，防治地下水污染，保障饮用水水源安全。三是要持续打赢净土保卫战。全面实施土壤污染防治行动计划，有效管控农用地和城市建设用地土壤环境风险。根据《土壤污染防治行动计划》《土壤污染防治行动计划四川省工作方案》要求，以改善土壤环境质量为核心，以保障农产品质量和人居环境安全为出发点，实施分类别、分用途、分阶段治理，严控新增污染、逐步减少存量。

（三）强化绿色发展担当，建设富裕、文明、可持续的锦绣天府

"绿色"是高质量发展的最美底色。"共抓大保护、不搞大开发"，不是不开发，而是要以大保护、生态优先的规矩倒逼产业转型升级，实现高质量发展。一是开展传统产业绿色化改造。积极构建绿色产业链供应链，在四川省实施"双超双有高耗能"行业强制清洁生产审核。对长江及重要支流沿线存在重大环境安全隐患的生产企业，加快推进就地改造、异地搬迁、关闭退出，推动落后产能退出。二是发展绿色低碳新兴产业。支持新能源、动力电池、新能源汽车、大数据等绿色低碳产业高质量发展，大力发展绿色环保产业，打造具有全国影响力的四川绿色产业低碳优势产业集群。三是因地制宜推进清洁能源发展。大力开发水能资源，加快推动页岩气产能基地绿色化发展，控制煤炭消费总量，加快建设全国优质清洁能源基地和国家清洁能源示范省，推动能源利用方式绿色转型。四是推行绿色生产生活方式。完善绿色消费政策，开展绿色生活创建，加快绿色生活配套设施建设，推动生活方式绿色转型。全方位构建绿色农业，构建绿色运输体系，发展绿色金融服务业，构建绿色空间格局，实现经济社会发展各方面绿色转型，实现高质量发展，建设富裕、文明、发展可持续的锦绣天府之国。

（四）强化防灾减灾担当，构建安全、和谐、稳定的平安四川

牢固树立环境安全底线思维，强化防灾减灾担当，构建全过程、多层级的生态环境安全和应急管理体系，有效防范应对重大风险。一是强化环境风险防控。将危险化学品生产、使用以及储存企业布局纳入区域发展规划、国土空间规划统筹谋划，协同推进流域生态环境污染综合防治、风险管控与生态修复，强化流域、区域环境风险防控。健全环境安全隐患治理制度，落实饮用水水源地及涉危、涉重、涉有毒有害物质的重点区域、行业等风险防控措施，实行突发事件生态环境事件风险企业信息登记、公开，督促企业完善环境安全管理制度和应急措施，并加强对工业尾矿库、渣场环境的风险管控。二是完善环境应急管理体系。开展环境应急预案数据库建设，推进环境应急实训基地建设，推动建设国家生态环境应急技术，提升环境应急管理能力。梳理区域环境风险，

合理确定物资储备规模和种类，加强省—市—县三级环境应急物资储备，健全应急储备体系。厘清环境应急管理职责，强化相关职能部门环境应急联动能力，强化流域风险联防联控，推动建设成渝地区环境应急监测中心，探索共建环境风险预警防范和应急指挥系统，提升应急响应能力。三是强化有毒有害化学物资风险防控。持续开展全省危险化学物品领域环境风险排查，优化高风险化学品企业布局，加强危险化学品环境监管。强化新化学物质环境管理登记，加强事中事后监管，在长江、黄河等重点流域，展开有毒有害化学物质环境调查、监测和风险评估。四是加强核辐射安全监管。持续落实高风险移动放射源在线监控全覆盖，确保同位素与射线装置安全可控，提升核辐射安全水平。同时，加快放射物废旧放射源、放射性废物最终处置，使废旧放射源安全收贮率达100%，推进放射性污染治理。不断夯实安全发展基础，构建安全、和谐、稳定的平安四川。

三、保护好长江流域生态环境，为子孙后代留下最普惠的民生福祉

保护好长江流域生态环境，是树立上游意识，强化上游担当最落地的具体体现。目前，四川水生态环境保护面临的结构性、根源性、趋势性压力尚未根本缓解，水环境质量改善成效不稳固，高效水发展方式未有效转变，水生态破坏现象非常普遍。"千河之省"四川必须因水而为，必定因水而兴，必须保护好长江流域水生态环境，为子孙后代留下最普惠的民生福祉。

一是构建水生态环境保护新格局。建立水生态环境功能分区管理体系，强化河长制工作体系，建立健全水生态环境综合监管体系，建立健全流域水生态环境综合管控体系。推进山水林田湖草要素系统治理，构建"三水"监测系统，推进地表水与地下水协同防治，强化流域要素系统治理。加强联防联控联治，完善生态保护补偿制度，推进流域区域协同治理。

二是积极推动水生态修复。严格重要水源涵养区用途管制，强化重要水源涵养区保护修复，全面提升水源涵养能力。推进生态缓冲带划定工作，强化河湖生态缓冲带监管，开展河湖生态缓冲带修复与建设试点，实施生态缓冲带保护和建设。强化自然湿地修复和恢复，保护修复自然湿地，推进重要河湖湿地生态保护治理。保护水生生物环境，强化水生生物保护能力，提高水生生物多样性。

三是保障生态用水和提供优良饮用水。强化水资源刚性约束，转变农业高耗水方式，改进工业节水模式，构建城镇节水格局，提高水资源利用效率。完善区域再生水循环利用体系，推广人工湿地水质净化技术，推进区域再生水循

环利用。保障河湖生态流量，加强江河湖库水量配置与调度管理，有序推进骨干水网建设，有效保障生态流量。

加强饮用水水源地规范化建设，有效提升饮用水水质，建立饮用水水源地长效管理机制，加强饮用水水源地环境监管，提高饮用水水源地风险防控能力，全面保障饮用水水质安全。

四是建立健全保障措施。强化组织领导，健全法规标准，完善市场体制，加大科技支撑，加强监督管理，加强宣传教育，促进全民行动，激发公众参与，使水生态环境得到全方位的保护。

参考文献

[1] 强化上游意识 确保黄河清水东流 [J]. 求是，2019（21）：45-47.

[2] 牢固树立"上游意识" 保护长江关键在行动 [N]. 湖北日报，2016 -05-16（1）.

[3] 习近平. 论坚持人与自然和谐共生 [M]. 北京：中央文献出版社，2022.

[4] 王晓晖. 高举习近平新时代中国特色社会主义思想伟大旗帜，团结奋进全面建设社会主义现代化四川新征程：在中国共产党四川省第十二次代表大会上的报告（2022 年 5 月 27 日）[N]. 四川日报，2022-06-06.

[5] 坚定不移走生态优先绿色发展之路 [N]. 四川日报，2022-06-22.

作者简介

江成程，女，中共宜宾市委党校（宜宾行政学院）哲学教研部讲师。

善于从中国优秀传统文化中汲取治国理政的理念和智慧

中华民族有着五千多年悠久文明历史的深厚底蕴，我们带领人民走的是中国特色社会主义道路。要善于从中华优秀传统文化中汲取治国理政的理念和思维，广泛借鉴世界一切优秀文明成果，不能封闭僵化，更不能一切以外国的东西为圭臬。

——习近平总书记在四川省眉山市三苏祠考察时的重要讲话

2022年6月8日上午，习近平总书记来到眉山市东坡区三苏祠考察调研。三苏祠收藏有数千件有关"三苏"的文物文献，是国内规模最大、保存最完好的三苏纪念祠堂。

一、习近平总书记关于中国优秀传统文化的重要论述

中华民族在创造灿烂中华文明的过程中，形成了一系列具有强大生命力的优秀传统文化。这些优秀传统文化蕴藏着崇高的民族精神、民族气节和优良道德，对当今社会发展仍有着重大的现实意义。从中国优秀传统文化中汲取治国理政的理念和思维，使其在新时代发扬光大，不仅是新时代坚定文化自信的现实需要，也是我国持续深化改革、推动经济社会全面发展的关键一招。

党的十八大以来，习近平总书记从中国优秀传统文化的新时代传承与发展出发，以深邃历史视野、严谨辩证逻辑和科学研究方法，秉持着从中国优秀传统文化中汲取思维智慧和文化精髓，并契合新时代守正创新的理念，形成了一系列关于中国优秀传统文化的重要论述，进一步深化了新时代中国特色社会主义全方面建设的传统文化底蕴和历史根脉，为建设社会主义文化强国和中华民族伟大复兴提供了强大的思想基础和精神动力。

习近平总书记指出，中国优秀传统文化是中华民族生生不息的精神标识、精神命脉和文化基因，是中华民族文化软实力的突出表征，也是人类文明共同

的宝贵精神财富。文化软实力是一个国家基于本国思想文化与价值体系形成的凝聚力与感召力，中国优秀传统文化因其强大的文化软实力，绵延五千年而不绝，至今仍焕发着勃勃生机。"抛弃传统、丢掉根本，就等于割断了自己的精神命脉。"[1]

习近平总书记强调，中国优秀传统文化是涵养社会主义核心价值观的重要精神资源，是坚定文化自信、建设中国特色社会主义文化强国、实现中华民族伟大复兴中国梦的深厚精神沃土、强大思想根基与不竭动力源泉。中国优秀传统文化是缔造中华文明的强大精神根基，在当代仍然具有极大的现实意义和深刻内涵[2]。其不仅是坚定文化自信的根本精神底蕴，更是涵养社会主义核心价值观的重要精神资源，"富强、民主、文明、和谐，自由、平等、公正、法治，爱国、敬业、诚信、友善，传承着中国优秀传统文化的基因"。

二、四川省第十二次党代会加快新时代文化强省、振兴巴蜀文化的时代要求

2022 年 5 月 27 日至 5 月 30 日，中国共产党四川省第十二次代表大会在成都召开。在文化工作方面，会议提出了加快新时代文化强省的要求，强调四川历史底蕴深厚，文化遗存璀璨，红色资源丰富，拥有建设新时代文化强省的独特优势。要坚持举旗帜、聚民心、育新人、兴文化、展形象，大力推动文化繁荣兴盛，为现代化建设提供强大的价值引导力、文化凝聚力、精神推动力[3]。

孕育于四川大地的巴蜀文化滥觞于商周时期，源远流长，博大精深，留下了三星堆、金沙遗址、武侯祠等文化古迹。其影响深远，涵带云贵陕等地区，甚至远及东南亚。它不仅是优秀的地域文化，更是中国优秀传统文化的重要组成部分。因为独特的地缘，巴蜀文化在"一带一路"的文化布局中起着至关重要的作用。要推动新时代文化强省建设，必须利用好本地优秀传统文化资源，加强其宣传、保护、开发。通过文旅融合、以创促保等方式，在新时代实现巴蜀文化的振兴是其应有之意。

在保护、开发巴蜀文化问题上，四川省第十二次党代会特别指出，要大力发展文艺事业，强化重要文化和自然遗产、非物质文化遗产系统性保护利用，做好新时代古籍工作[4]。深化古蜀文明、巴文化、三国文化、藏羌彝民族文化等研究阐释和创造性转化。具体到各地文化事业发展的部署上，会议因地制宜地提出了适合各地文化发展的相关举措。例如广汉三星堆，需要推进重大考古发掘，支持创建三星堆国家文物保护利用示范区，高水平建设三星堆博物馆新馆。而针对眉山、阆中等拥有深厚历史人文底蕴的城市，则是开发与保护齐头并进，加大历史文化名城名镇名村和古树名木保护力度。与此同时，为了使巴

蜀文化跟得上时代的脚步，会议还指出要深化文化体制改革，健全现代文化产业体系，培育文化龙头企业，推进文化数字化建设。尤其是要推动文化旅游深度融合发展，根据巴蜀文化之间的联系，打造一批重点文旅品牌和文化走廊，让巴蜀文化搭上四川文旅这趟"快车"享誉全球。

三、从"三苏"文化看传统文化对当前治蜀兴川方略的现实价值

习近平总书记的系列重要讲话：文章极其善于结合中国优秀传统文化，引经据典，生动传神，寓意深邃，极具启迪意义。习近平总书记引用典故较多的古代名人便是出身四川眉山的苏轼。以苏轼为代表的"三苏"文化是中国优秀传统文化的杰出代表，对当今治蜀兴川方略仍具备极高的现实价值。

（一）"享利任患，居乐同忧"：勤政务实得民心

2013 年 4 月，习近平总书记在海南考察时强调：改革开放之所以得到全国人民的衷心拥护，最根本的原因就是人民生活水平不断得到提高，正所谓"享天下之利者，任天下之患；居天下之乐者，同天下之忧"。习近平总书记引用的古语，正是出自苏东坡的文章《赐新除中大夫守尚书右丞王存辞免恩命不允诏》。

中国传统文化一向不乏重民爱民的历史传承。儒家的民本论、道家的"黄老之学"、墨家的"非攻兼爱"都有着相应的理论主张。苏轼受儒家民本思想影响颇深，他在解释儒家经典《尚书》中的"五子之歌"时就说："民可近者，言民可亲近而不可疏也。不可下者，言民可敬而不可贱。若自贤而愚人，以愚视天下，则一夫可以胜我矣。一人三失者，失民则失天、失天则失国也。"[5] 苏轼认为人民是一个国家的根本，身为官员，应该爱护人民、亲近人民，敬重人民，否则就会失去民心。一旦失去民心，就意味着失去了天的帮助，离亡国也就不远了。

在这种重民爱民的民本思想引导下，苏轼的官场实践不乏孤胆英雄式的为民请命。最为著名的当属熙宁三年十二月，在宋神宗为皇室成员利益发布的减价购买浙江花灯并禁止民间花灯买卖的禁令前，他毅然上书千言，言辞诚挚恳切、晓以利害。他认为卖花灯是很多老百姓赖以谋生的门路，皇帝的命令严重损害了老百姓的利益，是与民争利的行为，呼吁宋神宗能够深谋远虑，割爱为民，并最终说服宋神宗撤销了禁令。这就是著名的《谏买浙灯状》。即使在有着不杀士大夫的祖宗家法的北宋，苏轼如此据理力争、直言敢谏仍是需要冒着赔上政治生涯的风险。他的种种作为，正是他以民本思想为基础的崇高政治理想见于事功的体现。

"江山就是人民，人民就是江山。"儒家民本论中的爱民思想与中国共产党人民至上的执政理念之间有着清晰的历史传承。四川省第十二次党代会指出，虽然过去五年四川省民生事业得到了飞速发展，但在教育、医疗、养老等公共服务领域与群众期待还有差距。做好四川工作，惠民生是根本目的，必须突出为人民创造幸福生活这一总取向，实施更多有温度的政策举措、暖民心的切实行动，让改革发展成果更多更公平惠及全体人民，努力让人民群众的获得感成色更足、幸福感更可持续、安全感更有保障。要推动新时代治蜀兴川再上新台阶，我们有必要从以"三苏"文化为代表的优秀传统文化中寻找民心的"密码"，时刻与群众保持密切联系，摒弃工作中的官僚主义与形式主义，坚持将人民的利益放在首位，向着共同富裕的伟大目标努力奋斗。

（二）"博观约取，厚积薄发"：把握规律促改革

2014年9月18日，习近平主席在印度世界事务委员会上发表重要讲话。在这次讲话中，习近平主席引用了苏东坡关于学习的名言"博观而约取，厚积而薄发"，强调中华民族之所以历经数千年而生生不息，正是得益于见贤思齐、海纳百川的学习精神。

"三苏"文化是极其重视学习和积累的文化，其本身就是在对古代传统文化融会贯通的基础上发展而来的。在学习这一领域，苏轼是当之无愧的大家。少年时苏轼就曾在老宅的书房中贴过一副对联"发愤识遍天下字，立志读尽人间书"，以此激励自己[6]。及至成年，苏轼更是总结了"八面受敌法""三遍抄写读书法"等高效的学习方法，最有名的当属他劝诫友人学习要"博观而约取，厚积而薄发"的故事，充分体现了他在学习上重视吸取、积累他人优秀经验的特点。正是源于他这种"幼而好学，老而不倦"的学习精神，苏轼最终方能成为儒、释、道三家文化的集大成者，让仁宗皇帝发出"天下好学之士皆出眉山"的惊叹[7]。

从古至今，治理好四川这一"天府之国"从来都不是一件容易的事。要推动新时代治蜀兴川再上新台阶，我们必须要有"三苏"文化中那种广泛吸取他人优秀经验、做好自身储备积累的学习精神。不仅要深入学习贯彻习近平总书记关于四川发展形势任务等一系列重要指示，更要在工作中开阔视野，在做好调查研究的基础上，广泛吸取其他地区的优秀经验，不断沉淀总结，谋求把握四川发展的内在规律，并要善于抓住时机促进改革，实现建设社会主义现代化四川的跨越式发展，做到真正的"厚积薄发"。

（三）"物必先腐，而后虫生"：风清气正守规矩

2012年11月17日，习近平总书记在第十八届中共中央政治局第一次集体

学习讲话时引用了苏轼《范增论》中的一句话"物必先腐，而后虫生"，指出反对腐败，建设廉洁政治，保持党的肌体健康，始终是我们党一贯坚持的鲜明政治立场。党风廉政建设是广大干部群众始终关心的重大政治问题。习近平总书记这段重要讲话，点明了廉洁从政是每一个共产党人都应该具备的政治品格。

在中国传统文化中，名节和操守是一个人的立身之本。宋代名臣包拯在临终前就曾嘱托家人："后世子孙仕宦，有犯赃者，不得放归本家，死不得葬大茔中。不从吾志，非吾子若孙也。"[8] "三苏"文化中，廉洁从政更是一大重要内容。根据《宋史·苏轼传》的记载，苏轼十岁时就在母亲程夫人的影响下，将汉代与贪官污吏作斗争的范滂作为自己学习的榜样。苏轼在25岁参加制科考试时，写下了《进策论》25篇，是他提出的实行政治和经济改革的经国治世方略[9]。其中第一篇就是《课百官》，包括六条建设廉政制度体系的措施，例如"决壅蔽"，提倡官员勤政务实，倡导官员在行政执法时做到公平、公正；再如"无责难"，主张完善人才选拔标准，并建立制度预防用人过程中的徇私枉法行为。苏轼本人更是一生持节奉公，在后来的仕途生涯中坚守原则，并留下了诸如"六事廉为首""功废于贪，行成于廉"等流传后世的廉政格言。

苏轼的廉政并不只停留于空喊口号。宋人笔记中有这么一则故事。苏轼在汴梁当翰林学士时，有一天，他的同乡好友带上厚礼拜访他，想求他帮忙在朝中谋个一官半职，并说："如果您不方便，让您弟弟出面也行。"碍于情面，苏轼不便明确拒绝，就先给来客讲了一则寓言。大意是，某人穷极盗墓，数掘无获，便想去掘伯夷、叔齐的墓，只听伯夷在墓里说："我是在首阳山饿死的，除了一把枯骨，别无一物，何以如尔愿？"盗墓人闻言又打算挖开叔齐之墓碰运气。伯夷又说："连我也不过如此，我弟弟就更帮不上忙了！"苏轼的弦外之音是：您的苦衷我知道，但我们兄弟俩实在是爱莫能助。乡友悟知求官无望，只好知趣地带上礼物走了。虽然宋代奉行的是高薪养廉的政策，但苏轼热心民间疾苦，经常自掏腰包为民谋福利，这导致他的生活一向清贫，甚至需要兄弟朋友的周济才能勉强度日。在这种生活条件下，苏轼面对极具诱惑力的重金厚礼，仍然能够坚守住自己的原则，足以见其政治人格之高尚。

推动新时代治蜀兴川事业再上新台阶，需要风清气正的政治环境。四川省第十二次党代会指出，要坚决打好反腐败斗争攻坚战、持久战。坚持系统施治、标本兼治，加强新时代廉洁文化建设。"三苏"文化中的廉政文化正是促进四川省新时代廉洁文化建设的一个绝佳的"助推器"，在引导党员干部廉洁从政方面有着重大意义。应当大力挖掘"三苏"廉洁文化中的时代价值，通过党课教育、宣传讲解等形式，使得广大党员干部深刻领会其廉洁精神内核，利用优秀传统文化的影响力，达到"不想腐"的效果，切实推动廉洁政治环境的建设。

（四）"犯其至难，图其至远"：攻坚克难攀高峰

2019年10月31日，习近平总书记在党的十九届四中全会第一次全体会议上引用了苏轼《思治论》中的名言"犯其至难而图其至远"，并解释其意义为"向最难之处攻坚，追求最远大的目标"。

苏轼是不乏向最难处攻坚的勇气的。在他游宦官场的几十年间，遇到的艰难考验不胜枚举，但苏轼面对困难却展现出了极大的勇气和担当。最为突出的当属他晚年在海南的事迹。当时的海南是一片"蛮荒烟瘴之地"，遍布毒虫猛兽，传染病肆虐。岛上的土著居民不从事农业生产，思想封闭，文化落后，遇到疾病不请医生而相信巫师。这种状况下的治理难度是足以让人望而却步的。年逾花甲的苏轼却迎难而上，面对治理困境实行了一套眼光独到的治理措施。苏轼先是克服了语言沟通上的困难，极力劝说当地百姓掘土打井，重视农业生产。又将治理重心投入当地的教育事业之中，自掏腰包创立免费学堂，给当地适龄学子授课，从根本上改变人们的思想观念。苏轼的努力取得了巨大成效，在苏轼北归后一年，海南学子姜唐佐便中了举人，这也是隋唐三百余年来海南地区第一个举人。"沧海何曾断地脉，白袍端合破天荒"[10]，苏轼不惧困难，为海南岛的发展作出了卓越的贡献。

当前形势下，世界百年变局和世纪疫情相互交织，各类风险隐患明显增多，经济发展环境的复杂性、严峻性和不确定性上升，新时代治蜀兴川事业面临更多逆风逆水的艰巨考验。在困难与考验面前，"三苏"文化中不惧艰难、勇攀高峰的精神品质值得我们认真学习、感悟。它正是推进新时代治蜀兴川事业进程中我们应当展现出的精神风貌，引领我们跨越前进道路上的"泸定桥""夹金山"，征服奋进征途中的"雪山""草地"，在攻坚克难中不断夺取新的更大胜利。

参考文献

［1］习近平. 习近平谈治国理政：第一卷［M］. 北京：外文出版社，2018.

［2］中共中央文献研究室. 习近平关于社会主义文化建设论述摘编［M］. 北京：中央文献出版社，2017.

[3] 王晓晖. 高举习近平新时代中国特色社会主义思想伟大旗帜 团结奋进全面建设社会主义现代化四川新征程：在中国共产党四川省第十二次代表大会上的报告（2022年5月27日）[N]. 四川日报，2022-06-06.

[4] 守正创新加快新时代文化强省建设 [J]. 四川日报，2022-06-17.

[5] 苏轼. 苏轼文集编年笺注，李之亮笺注 [M]. 成都：巴蜀书社，2011.

[6] 林语堂. 苏东坡传 [M]. 长沙：湖南文艺出版社，2018.

[7] 苏轼全传编委会. 苏轼全传 [M]. 北京：中国文史出版社，2017.

[8] 脱脱. 宋史 [M]. 北京：中华书局，1985.

[9] 中国人民大学中文系. 中国苏轼研究 [M]. 北京：学苑出版社，2018.

[10] 张志烈，马德富，周裕锴. 苏轼全集校注 [M]. 石家庄：河北人民出版社，2016.

作者简介

陈启航，男，中共眉山市委党校（眉山行政学院）助理讲师，硕士。

涵养新时代共产党人的良好家风

我们共产党是为人民谋利益的，没有自己的特殊利益，要继续把反腐败抓下去；家风家教是一个家庭最宝贵的财富，是留给子孙后代最好的遗产，要推动全社会注重家庭家教家风建设，激励子孙后代增强家国情怀，努力成长为对国家、对社会有用之才；党员、干部特别是领导干部要清白做人、勤俭齐家、干净做事、廉洁从政，管好自己和家人，涵养新时代共产党人的良好家风。

——习近平总书记在四川省眉山市三苏祠考察时的重要讲话

注重家风家教建设是中国共产党的优良传统，我们党的历代领导人都十分注重家风家教建设。从家风的词源看，家风一词在《辞海》中被定义为"家族世传的作风习惯或传统典范"，又被称作"门风"。从家风的形成看，家风是一个家庭经过长期培育而形成的一种文化和道德氛围的集合，包括了一个家庭的道德准则、品行风尚、审美情趣、气质气度与素养风采等。从家风的功能看，家风作为一种家庭、家族文化的载体及价值准则，既可以用于约束和规范家庭成员的言行举止，对家族成员具有强大的感染力和号召力，又可以搭建起领导干部"私人领域"与"公共领域"的桥梁。这对全面从严治党、严肃党内政治生活、净化党内政治生态和培育党内政治文化都具有重要意义。

一、把握习近平总书记对全面从严治党提出的重要要求

党的十八大以来，习近平总书记高度重视家庭建设问题，在许多场合作了系列关于家风家训的重要论述。他指出：家风是领导干部作风的有效表现形式。因此，要把家风建设作为领导干部作风建设的重要内容，这为我们党员领导干部涵养好家风，加强党性修养，营造风清气正的政治环境提供了根本遵循。

（一）共产党是为人民谋利益的政党

全心全意为人民服务是中国共产党的根本宗旨。中国共产党自成立之日起就始终坚守着这个初心，带领着中国人民为实现中华民族伟大复兴而艰苦奋

斗，取得了一项又一项举世瞩目的光辉成绩，使中国一跃成为世界第二大经济体。中国共产党的百年奋斗史，就是一部全心全意为人民谋利益的奋斗史。坚持贯彻以人民为中心的发展思想，着力维护人民群众的根本利益，把人民对美好生活的向往作为孜孜不倦的奋斗目标，关键在于中国共产党有着强大的政治领导力、思想引领力、群众组织力和社会号召力，能够最大限度地凝聚、团结和依靠亿万人民群众，实现中华民族伟大复兴的中国梦。这种强大的领导力、执政力源于中国共产党的先进性纯洁性，源于党员干部的先锋模范作用，他们勤于奉献、甘于牺牲、乐于吃苦，深刻体现了中华民族优秀传统家风文化所倡导的"奉公职守、谦敬恤民、以仁施政、清正廉明"的为政情怀。为此，中国共产党获得了广大人民群众的支持，凝聚了全社会的磅礴之力，推动党和国家事业蓬勃发展。

（二）共产党人没有自己的特殊利益

习近平总书记在参加十三届全国人大二次会议内蒙古代表团的审议时强调："党团结带领人民进行革命、建设、改革，根本目的就是为了让人民过上好日子，无论面临多大挑战和压力，无论付出多大牺牲和代价，这一点都始终不渝、毫不动摇。"[2] 马克思主义政党的性质决定了共产党员只能代表最广大人民群众的根本利益，没有自己的特殊利益。因此，一切行动的指南和遵循都是"让人民过上好日子"，要谋求最广大人民群众的根本利益。早在新民主主义革命时期，毛泽东指出："共产党是为民族为人民谋利益的政党，它本身绝无私利可图。"[3] 为了让人民过上好日子，保证党的根基与血脉，中国共产党浴血奋战，付出了血与泪的代价，经受了生与死的考验，克服了人性弱点中的功利与贪婪，退缩与懈怠，用实际行动锻造了红色家风。新中国成立后，面对源源不断的糖衣炮弹，中国共产党与一切背离人民群众利益的行为做斗争，保持着"威武不屈、贫贱不移"的高贵品质。毛泽东要求自己和家人不能为亲徇私、为旧谋利，不能以公济私；周恩来为家人定下家规十条，要求不能享受特权、不能请客送礼；罗荣桓在弥留之际送给子女的宝贵遗产是共产主义真理。这些红色家风契合了中华文化中勤政为民、造福一方、公正无私的为政要义。

（三）涵养良好家风有助于反腐倡廉

清正廉洁是中华民族的传统美德，更是中国共产党保持先进性、纯洁性的根由所在。1929 年，古田会议决议将廉洁奉公写入了党员的五项条件之一，毛泽东更是强调共产党员在工作中要"十分廉洁、多做工作、少取报酬"，要克服贪污腐化、自私自利等卑劣思想。1941 年的《陕甘宁边区施政纲领》以及 1949 年的《共同纲领》，无不要求厉行廉洁、严惩贪污。新中国成立后，面对"高天滚滚寒流急，已是悬崖百丈冰"的艰难形势，如何克服思想上的懈怠，防止贪污腐化成为当务之急。改革开放以来，中国共产党一方面抓经济发展，一方面惩治贪腐，保持了风清气正的政治生态。新时代以来，从严管党、从严治党，坚定不移地与腐败行为做斗争，维护了共产党人清正廉洁、团结奋进的浩然正气，守护了"立党为公、执政为民"的初心，形成了气势磅礴的向心力、感召力和凝聚力，推动着共同富裕目标的早日实现。因此，习近平总书记曾反复多次告诫全党要为政清廉、秉公用权，如此才能取信于民、赢得人心；反之，则会人心尽失、政权旁落。家事国事天下事，家风党风天下风，无不浸透着革新自我、净化自我、完善自我的廉政意识。

二、家风是一个家庭最宝贵的财富

（一）家风是留给子孙后代最好的财富

好的家风是一个家族最宝贵的财富，是真正的不动产资源。家风就像一个无形的强大磁场，影响着家庭成员的价值观、人生观甚至婚恋观。"与善人居，如入芝兰之室，久而不闻其香，即与之化矣。与不善人居，如入鲍鱼之肆，久而不闻其臭，亦与之化矣"[4]，择善而居、从善如流是交友之道；"一纸书来只为墙，让他三尺又何妨"，行礼让、重节义是处事之道；"非淡泊无以明志，非宁静无以致远""受人重寄，无亏信义"，淡泊明志、宁静致远、重信守义是修身之道；父慈子孝、兄友弟恭、勤俭节约是齐家之道；"养廉之道，莫如能忍""以做百姓之心做官，以治私事之心治官事"守廉戒贪、友爱民众、以仁施政乃为政之道。这些传统家风中的精髓是中华民族几千年优秀文化传统的深厚积淀，更是一个家族最宝贵的文化财富，能够代代相传，人人受益。

（二）良好家风有助于培养子孙后代的家国情怀

习近平总书记特别指出："一滴水可以见太阳。"家是个体人生观、价值观、世界观的发源地，家风则是一个人、一个家族精神风貌的外在表现形式，更是一个社会主流价值观的缩影。见微知著、一叶知秋乃是透过个别细微的迹象，窥探出事物的发展趋向与结果。中国传统家风文化的核心在于"忠"和"孝"，二者具有相通性。"孝"是对父母、先祖的敬畏与爱护，是一种责任意识与奉献情怀，其终极价值旨向是与爱国主义相融通[5]。"孝"是个体价值观的基本形态，是家国情怀的萌芽状态。"忠"是对国家、民族、他人的忠诚与担当，是维护民族团结、国家统一、百姓安宁的根本所在。无论是伦理层面还是实践层面的"忠"和"孝",均是由身及家再到国的延展过程,是"家国天下"的精髓所在。《忠经·天地神明章第一》中说道:"夫孝,始于事亲,中于事君,终于立身……夫忠,兴于身,著于家,成于国。"[6]君子的家国情怀,始于孝亲、终于立身、成于爱国。

在倡导家国同构的泱泱华夏,清廉爱国、保家卫国、于家为国、国而忘家均是传统家风文化中的核心精神,是与当下年轻人的行为方式、价值追求的有机聚合,也是与社会主义核心价值观的紧密结合,更是与国家制度、国家精神的高度融合。良好家风所倡导的忧国忧民、心系天下的家国情怀是社会主义现代化建设的精神密码,为维持社会稳定、推动共同富裕提供强大的价值引导力、文化凝聚力、精神推动力。

(三)推动全社会注重家风建设

优秀传统家风文化积淀着丰富的人生智慧与传统美德,凝结着家国一体的政治情怀以及修齐治平崇高理想,滋养着中华民族生生不息、薪火相传、发展壮大。创造性转化、创新性发展传统家风文化,有助于延续文脉、萃取精华、汲取能量,为新时代社会治理提供精神土壤。《孟子》认为最高层次的勇敢是"自反而缩,虽千万人吾往矣!""自反"就是自省,"缩"意为"直",就是有道理。自我反省,只要合乎义理,即便千万人阻挠,亦会勇往直前。这种自省与勇气,源于文化的自信,更源于家风文化中的信与义、忠与勇,更是对人民、国家的一种责任担当。无论是厚人伦、睦邻里、尚忠勇还是守教化、重廉洁,无不承载着先贤对后世的希望与嘱托。这些经世之学需要凝结全社会之力,深入挖掘和继承家风文化中的优良基因,积极倡导厚德敦伦、教化修身、治家睦邻、治学济世的道德规范,有效结合新时代的社会特点不断发扬光大,不断修正拜金主义、享乐主义、极端个人主义等消极思想,营造出知耻明辱、崇德尚礼的社会风尚,实现物质富裕与精神富裕同步发展,维护社会和谐安定。

三、新时代党员干部如何涵养优良家风

(一)立足修身自律

"君子为政之道,以修身为本。"修身之要义在于严以律己、严格自律。对于党员领导干部来说,良好家风所传承的正能量有助于砥砺品性、涵养品德、开拓进取,为干部干事创业提供精神支撑。"物必先腐,而后虫生。""先是腐朽,然后是木须。"党员领导干部要加强自身廉政建设,他律与自律同等重要。因此,每一位党员干部都要更加自觉地加强党性修养,严格修身自律,

不断进行自我革新、自我完善、自我提高。

立足修身自律。一要坚定理想信念，坚持清白做人。"问渠那得清如许，为有源头活水来。"党员干部需要在工作中不断学习探索，以开阔的胸襟、清醒的头脑保持思想的纯洁性，始终以共产党员的标准严格要求自己，始终保持思想不"缺钙"，坚持去"渣滓"、去"劣根"，做到心中有信仰、肩上有责任，进退有据、得失不计，永葆先进与活力。二要自省自警自励，坚持干净做事。党员干部要始终以"排头兵""领头雁"为意识导向，注重党性修养培养，恪守职业操守，在日常工作中遵循"三不"原则——不徇私、不妄言、不贪腐；坚持做到"三有"——有组织、有纪律、有底线。党员干部要充分发挥带头示范功能，夯实工作作风，形成强大的感染力、影响力、穿透力，做优良家风的"传承者"，社会主义事业的"开拓者"，政风行风的"守护者"，乡风民风的"引领者"。

（二）注重勤俭齐家

一个家庭最可贵的是能够保持久远的安宁和睦，如果不懂得如何爱，就会带来损害。家风不正往往是导致腐败及其他不正之风的重要因素，党员干部对配偶或其他亲属错误行为的纵容与庇护，最终会导致家庭分崩离析。从近年落马的官员来看，不少人都存在这一问题。因此，党员干部注重家风建设就是坚持勤俭持家，注重廉洁齐家，处理好夫妻关系、亲子关系及亲属关系。一要自觉培养勤俭廉洁、艰苦朴素的道德情操，为家人亲友树立好榜样示范。二要高标准严要求管好家人，坚决抵制家属亲友提出的违法违规要求，不利用职务之便为家属办私事、谋私利。只有坚持勤俭持家、廉洁齐家、崇德治家才能保持家庭和睦，家道长远。

（三）坚持廉洁从政

毛泽东、周恩来、陈毅等一大批共产党人"不谋私利、不搞特权"，还有"忠诚、干净、担当"的甘祖昌，更有"朴实勤勉、淡泊名利"的张富清，这些都是全体党员干部应当学习的典范，对引领社会价值取向具有重要作用。1949年3月5日至13日，毛泽东在河北平山县西柏坡村召开的党的七届二中全会上郑重告诫全党要做到"两个务必"。他说："我们很快就要在全国胜利了……因为胜利，党内的骄傲情绪，以功臣自居的情绪，停顿起来不求进步的情绪，贪图享乐不愿再过艰苦生活的情绪，可能生长。因为胜利，人民感谢我们，资产阶级也会出来捧场……务必使同志们继续地保持谦虚、谨慎、不骄、不躁的作风，务必使同志们继续地保持艰苦奋斗的作风。"

党员干部坚持廉洁从政，就是要注重典型示范，立足价值引领。一是在思想上要坚守初心，牢固树立廉俭意识，自觉防范和克服"官本位"思想，防止"四风"侵袭。二是在行动上做到持之以恒、言行一致、表里如一，永葆共产党人的先进性、纯洁性，以率先垂范的榜样引领，发挥家风家训的浸润教化功能。三是加强自律，做到慎独慎微。时刻以党员的标准严格要求自己，经常对照党章、党纪、党规检查自己的言行，做到8小时内外、人前人后、事前事后心存敬畏，做到廉洁从政、廉洁用权、廉洁修身、廉洁齐家；练就政治定力、纪律定力、道德定力、抵腐定力，保持共产党人鲜明的政治本色。

参考文献

［1］欧德良.胡林翼理财思想的理学特色［J］.淮北煤炭师范学院学报（哲学社会科学版），2009，30（3）：30-33.

［2］刘建军，申灿.论伟大建党精神与中国共产党应对重大风险挑战的历史经验［J］.河北经贸大学学报（综合版），2021，21（4）：5-10.

［3］吴长庚.湖湘文化与毛泽东反腐倡廉思想的形成［J］.重庆社会科学，2013（11）：94-99.

［4］贾文丰.陈复华主编《古代汉语词典》指瑕［J］.郑州大学学报（哲学社会科学版），2005（3）：128-131.

［5］陈义.论涵养家国情怀的逻辑与路径：基于优秀传统家训的视角［J］.南昌大学学报（人文社会科学版），2019，50（6）：81-87.

［6］俞可平.孝忠一体与家国同构：从丁忧看传统中国的政治形态［J］.天津社会科学，2021（5）：107-117.

作者简介

杨秀平，中共德阳市委党校（德阳行政学院）教务科副科长，讲师。

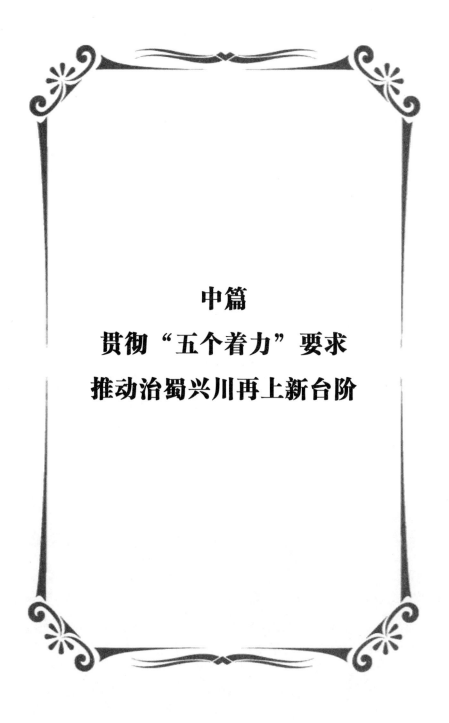

中篇

贯彻"五个着力"要求

推动治蜀兴川再上新台阶

深刻认识和把握新时代
治蜀兴川重大成就

　　五年来，四川省委始终牢记习近平总书记殷殷嘱托，深入贯彻党中央大政方针，先后召开 11 次全会对事关全局的重大问题作出系统部署，推动治蜀兴川各项事业大踏步向前迈进。

　　——《高举习近平新时代中国特色社会主义思想伟大旗帜 团结奋进全面建设社会主义现代化四川新征程——在中国共产党四川省第十二次代表大会上的报告》

　　四川省第十一次党代会以来，面对错综复杂的外部环境、艰巨繁重的改革发展稳定任务尤其是新型冠状病毒感染疫情严重冲击，在以习近平同志为核心的党中央坚强领导下，省委深入学习贯彻习近平总书记对四川工作系列重要指示精神和党中央决策部署，团结带领全省各族人民牢记嘱托、感恩奋进，攻坚克难、砥砺前行，在有力应对"难与变"中披荆斩棘、在精准研判"时与势"中勇担使命、在牢牢把握"稳与进"中开拓创新，有力推动四川各项事业大踏步向前迈进，治蜀兴川取得新的重大成就，为全面建设社会主义现代化四川奠定了坚实基础。

一、新时代治蜀兴川取得的重大成就，最根本在于坚定沿着习近平总书记指引的方向勇毅前行

　　旗帜指引方向、核心领航未来。新时代四川取得的每一项成绩、实现的每一步跨越、每一次面对风险挑战都能战而胜之，最根本在于以习近平同志为核心的党中央的坚强领导和习近平新时代中国特色社会主义思想的科学指引，在于习近平总书记的亲切关怀和悉心指导。

　　（一）"两个确立"是党的十八大以来最重要的政治成果

　　党的十八大以来，面对严峻形势和复杂任务，以习近平同志为核心的党中

央，统筹中华民族伟大复兴战略全局和世界百年未有之大变局，顺应时代大势，把握战略主动，成功办好一件件大事要事喜事，坚决战胜前进道路上一个个风险挑战，推动党和国家事业取得历史性成就、发生历史性变革。根本在于有以习近平同志为核心的党中央领航掌舵，有习近平新时代中国特色社会主义思想指引航向。实践证明，党确立习近平同志党中央的核心、全党的核心地位，确立习近平新时代中国特色社会主义思想的指导地位，反映了全党全军全国各族人民共同的心愿，对新时代党和国家事业发展、对推进中华民族伟大复兴历史进程具有决定性意义。

"两个确立"是党的十八大以来最重要的政治成果、最重大的政治判断、最宝贵的历史经验和最确凿的历史结论，是时代的呼唤、人民的期盼。我们要深刻领会"两个确立"的决定性意义，进一步增强"四个意识"、坚定"四个自信"、做到"两个维护"，不断提高政治判断力、政治领悟力、政治执行力，确保治蜀兴川各项事业始终沿着习近平总书记指引的方向前行。

（二）坚定用习近平新时代中国特色社会主义思想统揽四川各项工作

党的十八大以来，中国特色社会主义进入新时代。以习近平同志为主要代表的中国共产党人，坚持把马克思主义基本原理同中国具体实际相结合、同中华优秀传统文化相结合，坚持毛泽东思想、邓小平理论、"三个代表"重要思想、科学发展观，深刻总结并充分运用党成立以来的历史经验，从新的实际出发，创立了习近平新时代中国特色社会主义思想。习近平新时代中国特色社会主义思想是当代中国马克思主义、二十一世纪马克思主义，是中华文化和中国精神的时代精华，实现了马克思主义中国化新的飞跃，必将指引四川在现代化建设新征程上不断夺取新的伟大胜利。

这一光辉思想，以全新视野深化了对共产党执政规律、社会主义建设规律、人类社会发展规律的认识，在新时代党中央治国理政伟大历程中彰显出强大真理力量和实践伟力，必将指引我们在现代化建设新征程上不断夺取新的伟大胜利。我们要坚定用习近平新时代中国特色社会主义思想统揽四川工作，坚持学思用贯通、知信行合一，扎实推动党的创新理论在巴蜀大地落地生根、开花结果。

（三）坚决把习近平总书记对四川工作系列重要指示作为方向指引和根本遵循

党的十九大以来习近平总书记二次来川考察调研，充分体现了对四川工作的高度重视、对四川人民的深切关怀。习近平总书记从党和国家战略全局出发，对四川工作作出系列重要指示，提出推动治蜀兴川再上新台阶的明确要求，系统阐明了四川发展"怎么看、怎么办、怎么干"等一系列重大问题，为新时代治蜀兴川提供了方向指引。这些要求既从党和国家事业战略全局高度出发，又紧扣四川省情和工作实际，具有很强的政治性、思想性、针对性和指导性，为全省做好各项工作提供了方向指引和根本遵循。

习近平总书记的重要指示，高屋建瓴、思想深邃、内涵丰富、指向明确，我们要深刻感悟习近平总书记为四川擘画新篇的立意之深、思量之远，一项一项落实、一件一件推进，坚决把领袖的深切关怀转化为奋进力量，把领袖的殷殷嘱托转化为自觉行动，把领袖的战略擘画转化为美好现实。

二、新时代治蜀兴川各项事业取得重大成就，为全面建设社会主义现代化四川奠定了坚实基础

五年砥砺奋进，五年春华秋实。五年来，四川省委始终牢记习近平总书记殷殷嘱托，深入贯彻党中央大政方针，推动治蜀兴川各项事业大踏步向前迈进，四川发展站上了新的历史起点。

（一）经济高质量发展成效明显

全省经济总量连跨两个万亿元台阶、达到 5.38 万亿元，地方一般公共预算收入年均增长 8.6%。区域协调发展战略部署深入实施。2021 年，成都经济总量接近 2 万亿元，绵阳、宜宾超过 3 000 亿元，其他区域中心城市全部进入 2 000 亿元"俱乐部"，区域发展格局由"月明星稀"渐成"众星拱月"之势。区域综合创新能力进入全国前列，科技进步对经济增长贡献率不断提升。工业"5+1"、服务业"4+6"、农业"10+3"现代化产业体系基本形成，电子信息、食品饮料产业规模相继迈过万亿元大关，五大工业支柱产业增加值占全省规上工业增加值的比重达 82.8%。服务业在 GDP 中的占比五年间提高 4.9 个百分点，年均增长 8.0%，比全国平均水平高 1.3 个百分点。清洁能源装机容量突破 1 亿千瓦、占比提高到 85% 以上。农业大省金字招牌擦得更亮，粮食产量时隔 20 年再次突破 700 亿斤。一批交通、水利、能源等领域的重大项目加快实施，乌东德、白鹤滩、两河口等大型水电站建成投用。

（二）改革开放取得新的突破

供给侧结构性改革纵深推进，农业农村、财税金融、党政机构及行政体制等重点领域改革不断深化，职务科技成果权属、电力体制、天府中央法务区建设等原创性原动力改革扎实有效，国企改革三年行动取得积极进展，交通等领域国有资本实现战略性重组。"四向拓展、全域开放"新态势加快形成，自贸试验区建设取得积极进展，天府新区综合实力进入国家级新区第一方阵，国际

班列运营效能持续提高，开放平台能级明显增强，全省进出口总额增长近两倍，开放型经济发展水平不断提升。全省进出口总额、综合保税区数量分别由2017年的全国第11位、第21位升至2021年的第8位、第7位。2020年以来，进出口总额连年保持两位数增长，不断创下历史新高。

（三）民生社会事业加快发展

坚持每年集中办好一批民生实事，财政民生支出占比稳定在65%以上。城镇新增就业累计超过520万人，城乡居民人均可支配收入年均分别增长7.9%、9.4%。办好人民满意的教育取得积极进展，健康四川建设扎实推进。覆盖城乡的社会保障网更加完善，住房保障体系逐步建立。各项民生事业发展取得长足进步，人民群众生活水平不断提高。2021年全省参加基本医疗保险8 586.2万人，参加城镇职工基本养老保险3 178.5万人，均是2016年的1.5倍；全省183个县（市、区）全部实现义务教育基本均衡发展，在校生规模由2016年的1 531.1万人增加至2021年的1 627.1万人；2021年年末，全省医疗卫生机构床位66.1万张，是2016年的1.3倍，卫生技术人员67.4万人，是2016年的1.4倍。

（四）思想文化建设成果丰硕

四川省精心组织庆祝改革开放四十周年、新中国成立七十周年、中国共产党成立一百周年等重大活动，唱响了时代主旋律，意识形态领域向上向好态势不断巩固。社会主义核心价值观全面践行，精神文明创建富有成效，文艺事业繁荣发展，公共文化服务能力和文化产业发展水平不断提升。三星堆和皮洛遗址等考古新发现影响广泛，九寨沟、大熊猫等文旅名片更加靓丽，天府旅游名县品牌效应日益凸显，文旅融合发展更加彰显了四川自然生态之美、多彩人文之韵。2021年年末全省共有207个公共图书馆、263个博物馆、206个文化馆、4 089个综合文化站，构建起战线最长、数量最多、服务最广的公共文化服务网络。

（五）生态文明建设力度加大

全面打好蓝天、碧水、净土保卫战，中央生态环境保护督察反馈问题整改取得阶段性成效，全省空气优良天数明显增加，国考断面水质达标率大幅提升，土壤污染风险得到切实管控。河湖长制、林长制全面落实，大熊猫国家公园正式设立，自然保护地体系初步建立，国土空间生态保护修复深入推进，巴山蜀水颜值、生态产品价值、人居环境品质得到提升。2020年全省优良天数率突破90%，2021年空气质量为优的天数占44.5%，较三年均值提高3.5个百分点；2021年全省203个国考断面水质优良率占比96.1%，特别是污染最严重的沱江，全面消除Ⅴ类、劣Ⅴ类水体，沱江入长江口水质稳定达到Ⅲ类，创近20年最好水质。

（六）民主法治建设有序推进

全过程人民民主实践不断丰富，地方立法和人大监督全面加强，人民政协专门协商机构作用有效发挥。2018年以来共制定省级地方性法规43件、修改48件、废止8件，批准市（州）地方性法规122件。法治四川、平安四川建设成效显著，预防打击突出违法犯罪有力有效，扫黑除恶专项斗争、禁毒人民战争和政法队伍教育整顿取得重大成果。国防动员和后备力量建设迈出新步伐。工会、共青团、妇联等群团工作得到加强。城乡基层治理制度创新和能力建设不断强化。涉藏州县依法常态化治理取得成效。

（七）党的建设得到全面加强

坚定用习近平新时代中国特色社会主义思想武装党员干部，扎实开展"不忘初心、牢记使命"主题教育和党史学习教育，党委（党组）理论学习中心组学习制度深入落实，党的创新理论更加入脑入心。以市县乡换届为契机进一步建强班子队伍，大力培养引进用好各类人才，基层党组织战斗堡垒作用充分发挥。坚定不移推进全面从严治党，持续用力正风肃纪反腐，推动省市县巡视巡察全覆盖，反腐败斗争取得压倒性胜利并全面巩固。2021年度四川党风廉政建设社会评价指数达86.94，实现党的十八大以来"十连升"，比2016年度上升2.13。经过五年不懈努力、砥砺奋进，全面从严治党战略性成果日益显现，政治生态持续发生可喜变化，崇廉尚洁、崇实重干、崇德向善在全省蔚然成风。

三、新时代治蜀兴川突出抓了一批大事要事，在砥砺奋进中开创了各项事业新局面

五年来，面对错综复杂的内外环境、艰巨繁重的改革发展稳定任务，四川省委突出抓了一批大事要事，在砥砺奋进中开创了各项事业新局面，为全面建设社会主义现代化四川奠定了坚实基础。

（一）举全省之力决战决胜脱贫攻坚

四川省625万建档立卡贫困人口全部脱贫、88个贫困县全部摘帽、11 501个贫困村全部退出，集中连片特困地区全面摆脱贫困，特别是聚力攻克大小凉山彝区深度贫困堡垒，与全国人民一道步入全面小康社会，兑现了向全省人民的庄严承诺。累计选派11 501个驻村工作队、10.7万名第一书记和驻村干部，同数百万基层干部一起奋战在脱贫攻坚主战场，全省136.05万建档立卡贫困人口通过易地扶贫搬迁"挪穷窝"，217.73 万贫困群众通过农村危房改造住上"安心房"，136 万贫困患者得到分类救治，165 万贫困群众纳入农村低保兜底保障，309.3 万贫困群众的饮水安全问题和 510 万贫困人口供电质量不达标问题全面解决。

（二）推动成渝地区双城经济圈建设成势见效

成渝地区双城经济圈建设是习近平总书记亲自谋划、亲自部署、亲自推动的重大战略决策，不仅事关川渝两地协同发展，更是关系东西部协调共进、关乎国家发展全局的重大擘画。这是新形势下服务国家战略大局、形成强大战略后方的重要布局，是新发展阶段构建新发展格局、推动高质量发展的重大举措，是促进区域协调发展、打造中国经济增长"第四极"的关键支撑，是提升四川发展能级、加快四川现代化建设的重要抓手。五年来，川渝合作机制高效运行，成都获批建设践行新发展理念的公园城市示范区，成都都市圈发展规划全面实施，设立四个省级新区并"一区一策"予以支持，全国首个区域科技创新中心启动建设，300 余项服务事项实现异地通办，毗邻地区合作平台建设全面推进，四川在全国大局中的战略位势不断提升。

（三）推进以高铁为重点的交通基础设施建设

成达万、成自宜、渝昆等高铁开工建设，川藏铁路、西部陆海新通道等重大工程顺利实施，西成客专、成贵客专等建成通车。天府国际机场建成投运，实现与双流国际机场"两场一体"运营。高速公路通车里程达 8 608 千米，居全国前列，进出川大通道增至 40 条，全面迈入建设交通强省的新阶段。2019 年 3 月，成自宜高铁全线开工；2019 年 10 月，渝昆高铁四川段启动建设；2020 年 12 月，成达万高铁开工；2021 年 9 月，成渝中线高铁建设全面启动；2022 年 1 月，过境四川的西渝高铁获批。四川省委以"砸锅卖铁也要修"的决心，集中资源力量打了一场振奋人心的高铁"翻身仗"，带动构建现代综合交通运输体系。

（四）开展乡镇行政区划和村级建制调整改革

四川乡镇平均人口和面积分别为全国平均水平的 51.7%、44.2%，改革前四川省的乡镇（街道）数量为 4 610 个，位居全国第一。打出"调乡、合村、并组、优化社区"组合拳，全省乡镇数量减幅达 32.7%、建制村减幅达40.6%，在此基础上以片区为单元编制乡村国土空间规划，着力优化资源配置、提升发展质量、增强服务能力、提高治理效能，牵引城乡基层发展治理格局深刻重塑。

（五）全力抗击新型冠状病毒感染疫情和重大自然灾害

四川科学精准处置多轮疫情，打赢疫情防控"遭遇战"，发病率和病亡率均较低，尽最大努力减少了疫情对经济社会发展的影响；有效应对处置地震、暴雨洪涝、泥石流等灾害，九寨沟地震、长宁地震灾后恢复重建全面完成，森林草原防灭火专项整治扎实推进，全省统筹发展和安全的能力不断提升。

参考文献

［1］王晓晖. 高举习近平新时代中国特色社会主义思想伟大旗帜 团结奋进全面建设社会主义现代化四川新征程：在中国共产党四川省第十二次代表大会上的报告（2022 年 5 月 27 日）［N］. 四川日报，2022-06-06.

［2］黄强. 政府工作报告：在四川省第十三届人民代表大会第五次会议上［N］. 四川日报，2022-01-24.

［4］李鹏，方小虎，张守帅，等. 治蜀兴川再跨越 笃行不怠谱新篇：写在省第十二次党代会开幕之际［N］. 四川日报，2022-05-26（1）.

［5］中共中央关于党的百年奋斗重大成就和历史经验的决议（2021 年 11 月 11 日中国共产党第十九届中央委员会第六次全体会议通过）［N］. 人民日报，2021-11-17.

作者简介

王凡，男，中共四川省委党校（四川行政学院）党建部主任，教授。

站在更高起点上谋划四川发展

党的十八大以来，习近平总书记从党和国家战略全局出发，对四川工作作出系列重要指示，"强调坚持稳中求进工作总基调，保持经济稳定发展"，提出推动治蜀兴川再上新台阶的明确要求，系统阐明了四川发展"怎么看、怎么办、怎么干"等一系列重大问题，为新时代治蜀兴川提供了方向指引。

——《高举习近平新时代中国特色社会主义思想伟大旗帜 团结奋进全面建设社会主义现代化四川新征程——在中国共产党四川省第十二次代表大会上的报告》

"要站在更高起点谋划发展，把推动发展的立足点转到提高质量和效益上来"，这是习近平总书记对四川发展的精准把脉和科学指导，指明了四川迈步现代化建设新征程的发展方位和努力方向。四川是我国西部人口最密集、产业基础最雄厚、创新能力最强、开放程度最高的区域，是深入实施西部大开发战略的重要平台，是"一带一路"和陆海新通道建设的交汇点，是推动长江经济带协同发展的战略支撑，在国家发展大局中具有独特而重要的战略地位。抓机遇、保增长、优结构，加快形成新的经济发展方式，努力把发展动力转到提升经济发展质量和效益上来，推动成渝地区双城经济圈建设，有利于在西部形成高质量发展的重要增长极，打造内陆开放战略高地，对于推动国家高质量发展具有重要意义。

一、把发展的立足点转到提高发展质量和效益上来

习近平总书记反复指出，发展是解决中国所有问题的关键，这一战略思想要坚定不移地坚持。发展是硬道理，这是我国改革开放四十多年取得辉煌成绩的实践经验总结，也是四川在现代化建设新征程上不断夺取新的伟大胜利的宝贵经验，更是以赶考姿态推动新时代治蜀兴川再上新台阶的必然选择。四川是经济大省和人口大省，在全国的战略地位十分重要，肩负着发挥独特优势、更好服务国家发展全局的职责使命，在"打造带动全国高质量发展的重要增长

极和新的动力源"等重要要求下，四川要着力把发展的立足点转到提高质量和效益上来[1]。

（一）转变发展方式是推动高质量发展的客观需要

经过40多年快速的发展，我国已成为世界"第二大经济体"，而当前，我国经济发展内外部环境均发生着深刻而复杂的变化。一方面世界经济仍然低迷，国际贸易受到新型冠状病毒感染疫情及贸易保护主义等影响，经济全球化速度放缓；另一方面随着我国社会主要矛盾的转化，我国经济已由高速增长阶段向高质量发展阶段转变，粗放式发展和强刺激拉高速度已经无法满足新发展理念下的经济发展要求，追求更高质量、更有效率、更加公平、更可持续的集约经济增长，促使发展方式从规模速度型向质量效率型转变，加快经济结构战略性调整，迅速转变经济发展方式，努力提高经济发展的质量和效益，是推动高质量发展的客观需要。四川是经济大省和人口大省，在全国的战略地位十分重要，中国特色社会主义进入新时代，四川发展也站在了新的起点上，四川要紧抓发展是第一要务，突出高质量发展这一主题，把新发展理念贯彻到经济社会发展全过程和各领域，促进质量变革、效率变革、动力变革，加快转变发展方式，保持并推动经济质的稳步提升和量的合理增长，努力在建设现代化经济强省征途上迈出更大步伐。

（二）优化经济结构是推动高质量发展的重要任务

习近平总书记强调："以经济结构战略性调整为主攻方向加快转变经济发展方式，是当前和今后一个时期我国经济发展的重要任务。"经济发展不仅体现为经济总量的提升，还要注重经济结构的优化。有序推动经济结构优化，能够成为经济发展的内在动力，提高资源的利用效率，保持经济的持续竞争力，对经济发展具有相当深远的影响。从世界经济发展经验来看，经济结构的持续优化是社会生产力发展的必然要求，也是经济高质量发展的重要标志和推动力。事实证明，发达国家保持经济持续增长和经济领先地位的关键因素就在于不断优化经济结构。主动优化升级经济结构能够有效提高经济发展水平。我国经济已从高速增长阶段向高质量发展阶段转换，处于经济结构调整的阵痛期。面对国民经济总体上大而不强和资源、环境等因素的制约，必须通过科技创新等关键因素的持续引入，推动经济结构优化，进而促进经济高质量发展。四川经济发展仍然面临较为突出的不平衡不充分问题，经济发展质量和效益不够高、创新能力不够强等，需要依靠创新驱动持续塑造发展优势，同步推进新型工业化、信息化、城镇化和农业现代化，加快转变发展方式、优化经济结构、转换增长动力，不断开辟高质量发展新境界。

（三）转换增长动力是推动高质量发展的关键一环

经济增长动能的转换为我国经济持续健康发展提供了动力支撑，增强了经济"韧性"。经济发展阶段的变化，意味着发展目标和发展方式的深刻转变，不仅需要客观认识经济增长速度的变化，更需要注重新旧动力的转换。新发展动力的变换，也将推动经济系统的更新、交替和升级，经济结构的优化，经济功能的优化，进而推动经济的高质量发展。我国经济进入新常态以来，经济增长水平呈现"L"形变化，与此同时，在产业结构、动力结构、空间结构、要素结构、城乡结构以及经济发展方式等诸多方面均发生了变化。从现实来看，我国经济还存在制约新旧动能转换的因素，需要深刻认识经济新旧动能转换的过程、性质，着力解决经济发展中的深层矛盾，防范系统性风险，为中长期经济发展集聚新动能。四川与全国一样，已步入新发展阶段，要贯彻新发展理念，加快转变发展动力，推动高质量发展，在服务国家战略和深化改革开放中更好地抢抓机遇、提质赋能。

二、把握新时代治蜀兴川的更高起点

准确把握发展的历史方位，明晰发展的战略地位，找准发展的内在动因，研判发展的机遇条件，是决定发展成功的根本，也是新时代在更高起点谋划治蜀兴川未来方向和发展重点的重要前提。习近平总书记着眼党和国家全局指出，"中国特色社会主义进入新时代，四川发展也站在了新的起点上"，是对四川发展阶段性特征的精准把脉，是四川迈步新时代、肩负新使命、开启新征程的逻辑起点，是谋划推进治蜀兴川事业的根本出发点。

（一）明晰治蜀兴川的战略地位，找准发展的内在动因

习近平总书记指出，四川是经济大省和人口大省，在全国的战略地位十分重要。2021 年四川实现地区生产总值 53 850.79 亿元，居全国第 6 位，按可比价格计算，比上年增长 8.2%，农林牧渔业增加值 5 661.86 亿元，居全国第 2 位。四川区位优势独特，自然禀赋优越，产业基础较好，城镇分布密集，人力资源丰富，消费市场巨大，工业门类齐全，综合配套能力强，是我国重要的人口、城镇、产业集聚区，是引领西部地区加快发展、提升内陆开放水平、增强国家综合实力、支撑"一带一路"建设和长江经济带联动发展的战略纽带与核心腹地，是长江上游生态屏障和水源涵养地，是全国经济大省、人口大省、农业大省、生态大省，战略地位十分突出。经过改革开放 40 多年的发展积累，四川已经形成了较大的体量规模和较广的经济纵深，培育形成了一批市场竞争力强的优势产业和新兴产业，三次产业结构实现了从"二三一"到"三二一"

的重大转变，"十三五"时期，四川科技对经济增长贡献率达 60%[2]，2021 年年末常住人口城镇化率 57.8%[3]，交通、能源、水利、通信等基础条件不断改善，为四川由高速增长阶段转向高质量发展阶段奠定了坚实基础。

（二）把握治蜀兴川的历史方位，研判发展的机遇条件

习近平总书记指出，四川要"完整、准确、全面贯彻新发展理念，主动服务和融入新发展格局"，四川面临巨大的发展空间和潜力。"一带一路"建设、长江经济带发展等国家重大战略在川叠加为四川打造畅通国内国际双循环的门户枢纽、厚植支撑国内国际双循环的经济腹地优势、打造内陆开放高地等提供了重大机遇。新时代西部大开发、成渝地区双城经济圈建设惠及四川，有力推动经济圈做优做强极核功能，发挥双中心城市的统筹协调和引领带动作用，打造带动全国高质量发展的重要增长极和新的动力源，带动西部乃至全国的高质量发展。全面创新改革试验区、自由贸易试验区、天府新区、天府国际机场等国家战略布局在四川交汇叠加，军民融合发展、乡村振兴、涉藏地区彝区加快发展、川陕革命老区振兴发展等将让四川获得更大支持，四川面临的发展机遇越来越多。

三、四川迈步现代化建设新征程的努力方向

习近平总书记从党和国家战略全局出发，对四川工作作出系列重要指示，提出推动治蜀兴川再上新台阶的明确要求，为新时代治蜀兴川提供了方向指引。我们要自觉肩负时代重任、担当历史使命，坚定不移走中国式现代化道路，全面建设社会主义现代化四川。

（一）推进创新驱动战略，引领高质量发展

以创新驱动支撑引领，锚定"四个提升"目标任务。全面落实"四个面向"要求，坚持一头抓国家战略科技力量建设、一头抓产业技术创新和全社会创新创造，优化完善创新资源布局，加快建设具有全国影响力的科技创新中心。以科学城、科技城引领辐射，带动优化五大区域创新布局，坚持以重大区域发展战略引领创新布局，带动区域创新发展。打造高能级创新平台体系，强化核心技术攻关，打造分工明确、结构合理、功能互补的创新平台体系，建设战略科技创新平台、产业技术创新平台和功能服务平台三大平台，吸纳科技创新要素，聚焦优势产业重点领域，统筹建设一批产业创新中心、技术创新中心、制造业创新中心、工程研究中心、企业技术中心和中试平台等，打通"研发—工程化—产业化"创新链条，促进产业化应用。激发人才创新创造活力，打造创新人才聚集高地，聚焦体制机制障碍，谋划、落实、推广全面创新

改革、职务科技成果权属改革、科技管理体制改革三大改革，培育创新创造文化，营造良好创新生态。

（二）健全现代化产业体系，推动高质量发展

坚持产业为民，更好满足人民需要。牢牢把握创新、协调、绿色、开放、共享的发展理念，推动新型工业化、信息化、城镇化、农业现代化同步发展，持续提升产业结构、质量和效益，为满足人民群众日益增长的美好生活需要提供坚实保障。构建高质量的现代化产业体系，坚持以供给侧结构性改革为主线，全面融入全球产业链，深度参与国际分工，推进产业集群集约发展，加快传统产业转型升级，建设与实体经济、科技创新、现代金融、人力资源协同发展的现代化产业体系。建设先进制造业基地，围绕制造强省建设，强力推动工业经济质量变革、效率变革、动力变革，构建"5+1"现代工业体系，更深层次融入全球产业链、价值链、创新链。建设现代服务业高地，大力发展现代服务业，推动服务业与一、二产业融合发展，着力提升服务业占比，建设全国重要的金融中心、商贸中心、物流中心和全球重要旅游目的地，全国服务型制造和服务创新的重要引领区。建设科技创新产业化基地，抓住全面创新改革试验的重大历史机遇，加大科技创新投入，促进科技资源优化整合，完善科技创新环境，打通科技向现实生产力转化通道。大力发展外向型经济，紧紧围绕增强西部经济中心功能的要求，高水平建设自由贸易区，构建对外开放大平台体系，大力发展外向型经济，高起点打造面向亚欧、辐射西南的内陆对外开放门户。不断优化产业发展制度环境。

（三）加强基础设施建设，支撑高质量发展

建设现代化的基础设施体系。突出互联互通、高效便捷、智能绿色，不断完善现代综合交通体系，强化成渝两地"空铁水公"的有机衔接，推动能源基础设施高质量发展，切实加快5G、数据中心等新型基础设施建设，为建设全国重要经济中心提供新动能。夯实重大战略设施支撑，构建现代化基础设施体系。提升能源、水利等网络型基础设施建设水平，增强跨区域、跨流域水资源调配和供水保障能力，打造世界级优质清洁能源基地。建设国家级信息和数据中心，推进网络强省、数字四川建设，实施"宽带中国"战略。建设覆盖全省的基础设施物联网络，畅通信息通路，提升信息集散能力，建设一批公共服务、互联网应用服务、重点行业云计算数据中心和灾备中心，打造成渝地区双城经济圈大数据交换共享平台，提升成都市国际性区域通信枢纽地位。

（四）提升城乡融合水平，促进高质量发展

处理好城乡关系，推进新型城镇化建设。深入实施乡村建设行动，大力改

善农村生产生活条件，加快农业农村现代化步伐。落实最严格的耕地保护制度，严守永久基本农田红线，推进高标准农田建设，实施种业振兴行动，提高农业综合生产能力，稳定粮油、生猪等重要农产品供给。推动城乡融合发展，推动巩固拓展脱贫攻坚成果同乡村振兴有效衔接，把加快城镇化步伐摆在全局工作的突出位置，深入实施以人为核心的新型城镇化战略，推进以县城为重要载体的城镇化建设，提高农业转移人口市民化质量。统筹划定"三区三线"，优化生产生活生态空间布局。开展城市更新行动，建设现代化城市。抓好以片区为单元的乡村国土空间规划编制实施，增强中心镇（村）辐射带动作用。建立健全城乡融合发展体制机制和政策体系。

（五）打造改革开放高地，带动高质量发展

高质量构建开放平台体系，深化"四向拓展、全域开放"，积极参与西部陆海新通道建设，提升中欧班列（成渝）运营效能，推动货物贸易与服务贸易协同发展。高质量建设自贸试验区和综合保税区，支持创建天府国际机场国家级临空经济示范区，提升机场、港口等口岸能级，深化拓展外国来川设领和国际友城交往，扩大重大展会国际影响力，不断增强开放合作实效。高质量构造外贸营商环境，打好重点领域改革攻坚战，加强改革系统集成、协同高效。坚持"两个毫不动摇"，推进国有经济资源整合、结构调整和布局优化，激发民营经济发展活力、维护民营企业合法权益，依法规范和引导各类资本健康发展。积极参与全国统一大市场建设，营造稳定公平透明可预期的营商环境。

参考文献

［1］王晓晖. 高举习近平新时代中国特色社会主义思想伟大旗帜 团结奋进全面建设社会主义现代化四川新征程：在中国共产党四川省第十二次代表大会上的报告（2022 年 5 月 27 日）［N］. 四川日报，2022-06-06.

［2］黄强. 政府工作报告：2021 年 1 月 30 日在四川省第十三届人民代表大会第四次会议上［N］. 四川日报，2021-02-05.

［3］2021 年四川省国民经济和社会发展的统计公报［N］. 四川日报，2022-03-14.

作者简介

王伟，男，中共四川省委党校（四川行政学院）经济学教研部，副教授。

发挥四川独特优势
更好服务国家发展全局

四川省要发挥独特优势，更好服务国家发展全局，增强改革动力，把发展特色优势产业和战略性新兴产业作为主攻方向，强化粮食、清洁能源、战略性矿产资源生产供应，科学有序推进水能资源开发，扎实推进成渝地区双城经济圈建设。

——《高举习近平新时代中国特色社会主义思想伟大旗帜 团结奋进全面建设社会主义现代化四川新征程——在中国共产党四川省第十二次代表大会上的报告》

一、四川省具有的独特优势

（一）用好政策红利，增强发展动能

"一带一路"建设、长江经济带发展、新时代西部大开发、黄河流域生态保护和高质量发展、成渝地区双城经济圈建设等国家重大战略在川叠加，有利于四川更好承接重大生产力布局，持续用好政策红利、增强发展动能。

四川省处于陆上丝绸之路和海上丝绸之路的交汇点，是"一带一路"和长江经济带的连接点，天府新区是"一带一路"建设和长江经济带发展的重要节点。2018年2月11日，习近平总书记在天府新区视察时指出，一定要规划好建设好，特别是要突出公园城市特点，把生态价值考虑进去，努力打造新的增长极，建设内陆开放经济高地。此外，四川省要做好以若尔盖湿地为重点的川西北生态系统气象保障服务，主动融入黄河流域生态保护和高质量发展国家战略，切实担负起生态文明建设的政治责任，"要让黄河成为造福人民的幸福河"。

同时，作为西部大省和成渝地区双城经济圈建设的重要承担省份，四川还肩负新时代推进西部大开发形成新格局的重要使命。成渝地区双城经济圈是支撑新发展格局的重要增长极，是我国经济实现内循环的关键动力极核，是长江流域和黄河流域上游地区实现协同发展的关键区域。因此，成渝地区双城经济圈的重要性，不仅在于内部协同的增长与带动效应，更在于外部联系不同流域经济的连接效应。

（二）发挥独特优势，提升战略位势

贯彻新发展理念、构建新发展格局等国家重大部署深入实施，有利于四川充分发挥科技创新优势、市场腹地优势和开放门户优势，大幅提升在畅通国民经济循环中的战略位势。

科技创新优势方面，在成渝地区双城经济圈打造具有全国影响力的科技创新中心战略部署背景下，四川科技发展迎来了重大战略机遇。四川人才资源丰富，高校和科研院所较多，科技创新实力在西部地区居领先地位，具有创新创造的良好条件。市场腹地优势方面，四川人口众多，经济体量大，地处西南内陆，对西部地区乃至我国整体经济发展具有辐射作用，具有扩大内需的市场腹地优势。开放门户优势方面，四川地处"一带一路"和长江经济带连接点，是连接西南西北，沟通中亚、南亚、东南亚的重要交通走廊，是内陆开放的前沿阵地，以西博会为代表的平台现已凸显能级作用，已从西部地区开放窗口上升为国家对外开放的重要窗口。

进入新发展阶段，四川在全国发展格局中的经济地位日显突出。四川省要以成渝地区双城经济圈发展为出发点，着眼内循环，建成西部地区践行高质量发展的示范地，内陆地区走开放发展道路的动力源。

（三）放大资源优势，改善支撑条件

推动经济社会发展全面绿色转型、全面加强基础设施建设等国家重大政策加快落地，有利于四川抢抓政策窗口期，放大清洁能源资源优势，提升基础设施水平，显著改善四川发展的支撑条件。

四川具有丰富的清洁能源资源优势和产业发展基础优势，为更好地服务国家碳达峰碳中和战略提供了支撑高质量发展的绿色低碳新动能。2021年12月，四川省发布《中共四川省委关于以实现碳达峰碳中和目标为引领推动绿色低碳优势产业高质量发展的决定》，重点聚焦清洁能源相关领域，并要求做优做强清洁能源产业，发展壮大清洁能源支撑产业，加快发展清洁能源应用产业。

根据国家加强基础设施建设的政策要求，四川正着力建设畅通经济社会循环的"动脉血管"，深入实施交通强省战略，统筹铁路、航空、公路、水路规划，统筹干线和支线建设，统筹客运和货运发展，加快构建现代综合交通运输体系。既聚焦"内联",加快推进成渝中线高铁等重大项目建设;还聚焦"外畅",加快出川高铁建设,打通南向铁海联运大通道,开辟东向铁水联运新通道,提升以中欧班列(成渝部分)为带动的西向北向陆路运输大通道,构建陆海互济、东西畅达、南北贯通的战略性综合运输通道格局。

此外,四川还大力推进新型基础设施建设,推动实施宽带城市群、大型数据中心、超算中心等重大工程,目前西部首个超算中心——国家超算成都中心已经建成投用,并上线国家工业互联网标识解析(成都)节点,培育多个省级工业互联网平台、互联网医院、互联网教育资源公共服务平台等[1]。

二、增强改革动力,把发展特色优势产业和战略性新兴产业作为主攻方向

(一)构建富有四川特色的科技创新体系

当前,四川省正深入实施创新驱动发展战略。全面落实"四个面向"要求,坚持一头抓国家战略科技力量建设、一头抓产业技术创新和全社会创新创造,优化完善创新资源布局,加快建设具有全国影响力的科技创新中心。强化天府新区创新策源功能,扎实推进成渝(兴隆湖)综合性科学中心和西部(成都)科学城建设。支持中国(绵阳)科技城建设国家科技创新先行示范区。积极争创国家实验室,高标准建设天府实验室和国家实验室四川基地,布局建设大科学装置和全国重点实验室,加快建设国家川藏铁路技术创新中心,构建重大科技基础设施集群。加强原创性、引领性科技攻关,持之以恒强化基础研究,实施重大科技专项,加快建设中试熟化平台。深化科技体制改革,突出企业创新主体地位,加快金融支持创新体系建设,强化知识产权创造、保护、运用。弘扬科学家精神,加强科学普及,培育创新创造文化,营造良好创新生态,让各类创新资源充分活跃起来、让更多创新成果不断涌现出来。

(二)构建富有四川特色的现代化产业体系

当前,四川省正着力健全现代化产业体系。坚持把发展经济的着力点放在实体经济上,按照旗舰领航、园区集聚、数字赋能、低碳转型的思路,推动高端化、智能化、绿色化并进,促进产业链、创新链、价值链融合,不断提升产业现代化水平。突出新型工业化主导作用,实施制造强省战略,推进战略性新兴产业集群发展工程、产业基础再造工程、强链补链工程,开展质量提升行动,发展壮大特色优势产业,培育具有较强核心竞争力的大企业大集团,打造世界级先进制造业集群。促进传统产业改造提升,加快老工业城市转型升级。推动高新技术产业开发区、经济技术开发区提档升级,增强国家级和省级新区产业承载能力。实施国家"东数西算"工程,建设全国一体化算力网络国家

枢纽节点，发挥国家超算成都中心作用，打造天府数据中心集群，壮大数字经济核心产业，构筑数字经济发展高地。加快发展现代服务业，建设西部金融中心和国际消费中心城市。做大做强"川字号"农业特色产业，促进农村一、二、三产业融合发展。

（三）构建富有四川特色的现代服务业体系

当前，四川省正着力加快现代服务业体系建设，主要包括推动支柱型服务业转型升级和促进成长型服务业做大做强两个方面。

在推动支柱型服务业转型升级方面，四川的商业贸易、现代物流、文体旅游和金融服务具有一定的发展基础，能够发挥支撑作用，是支柱型服务业。首先，作为"一带一路"的重要节点地区，在大力建设成渝地区双城经济圈的当下，四川要与重庆共同建立立足西部、辐射"一带一路"沿线国家的贸易网络，加快物流平台建设，包括航空港、物流基地等枢纽建设。其次，要促进文化和旅游深度融合，立足自身文旅禀赋，打造蕴含文化气息的高质量旅游体验项目。最后，还要建设具有区域辐射力的现代金融服务体系，并探索水权、排污权、碳排放权等的初始分配和跨省交易制度，为经济高质量发展和碳达峰碳中和目标作支撑。

在促进成长型服务业做大做强方面，以科技信息、人力资源、医疗康养等为代表性成长型服务业，虽然这些产业当前规模并不大，但对于现代服务业体系建设具有重要意义。首先，四川省应大力发展知识产权评估、技术咨询和转移等中介服务，推进技术应用，实现创新的市场价值。其次，四川还要支持创立人力资源服务公司和人力资源需求与供给对接平台，为区域内人力资源就业、培训等提供高效便捷的服务，加快人力资源服务产业发展。最后，四川还应着力推动健康旅游、医疗服务、健康体育、养生养老、互联网等产业融合发展，助力打造西部健康服务领先地区。

三、强化资源供给，扎实推进成渝地区双城经济圈建设

（一）强化粮食生产供应

习近平总书记强调："粮食安全是国家安全的重要基础。"四川于2021年5月1日实施《四川省粮食安全保障条例》不断加强粮食生产能力、储能能力、流通能力和应急能力建设。当前，四川正着力突出农业"10+3"体系，擦亮金字招牌，建设"川字号"农产品品牌，培育龙头企业、农民合作社、家庭农场、专业大户等新型经营主体，加快现代农业种业、装备、烘干冷链物流等产业发展，落实粮食安全生产责任，压实"菜篮子"市长责任，确保全省粮食稳产增产。

此外，四川还不断加强粮食质量安全监管水平。建立完善粮食经营企业信用体系和粮食市场监管协调机制，深入推进优质粮食工程，全面加强粮食流通全链条质量安全监管。切实提高粮食应急保供能力，依法严格落实地方粮食储备规模，加快推进高标准储备粮库建设，提高仓储科技水平，健全轮换管理和库存监管机制。建立粮食应急保障体系，健全粮食应急保供机制，加强对市场的动态监测和波动预警，统筹粮源分布、重要物流通道和节点建设，优化粮食应急加工能力布局。

（二）强化清洁能源生产供应

当前，我国开启全面建设社会主义现代化国家新征程，全力推进碳达峰碳中和目标的实施，四川的清洁能源产业也进入培育壮大和创新跨越的关键期。四川将持续推进清洁低碳转型。积极壮大清洁能源产业，完善产供储销体系，着力增强能源持续稳定供应和风险管控能力，加快构建清洁低碳、安全高效的能源体系，高质量打造国家清洁能源示范省和全国优质清洁能源基地，完成国家下达的可再生能源电力消纳责任权重目标任务，电能占终端能源消费比重进一步提高。煤炭消费比重进一步降低，煤炭消费量率先达峰[3]，为推动成渝地区双城经济圈建设和治蜀兴川再上新台阶提供坚强能源保障。

（三）强化战略性矿产资源生产供应

矿产资源是发展之基、生产之要，矿产资源的保护与合理开发利用是经济社会发展的重要基础。四川省拥有天然气、页岩气、铜、稀土、锂、石墨、磷等战略性矿产资源，当前勘查取得新突破，已建成个国家级能源资源基地。其中，攀西战略资源创新开发试验区建成国内最大的钒、钛生产基地，矿产资源持续安全稳定供应。

下一步，四川要优化矿产资源勘查、开发利用与保护布局，开展战略性矿产资源调查评价，实施新一轮战略性矿产找矿行动。按照国家部署，加强国家级能源资源基地建设，推进国家规划矿区建设，加大天然气（页岩气、煤层气）勘探力度，持续推进川南地区页岩气勘查开发。加快建设国家天然气（页岩气）千亿立方米产能基地。鼓励合理开发利用铁、钒、钛、铜、金、银、磷、稀土和锂、铌、钽等矿产，鼓励开发新型非金属矿产和非金属矿物材料，探索建设砂石资源开发基地，提高重点工程建设项目砂石资源保障能力。完成全省矿产资源国情调查，加强资源储备和保护，强化国家战略性资源安全保障[4]。

（四）科学有序推进水能资源开发

四川省具有丰富的水能资源，尤其以川西高原和攀西地区最为富集，主要集中在金沙江、雅砻江、大渡河"三江"流域。截至2020年年底，水电装机占全省发电量的84.9%，水电装机及年发电量均位居全国第一。水电已成为四川省电力保障主力军，有力助推绿色发展。

当前，四川正重点推进"三江"地区水电基地建设，着力优化水电结构，优先建设季以上调节能力水库电站，统筹推进流域综合管理；有序推进其他流域大中型水电建设；有序建设抽水蓄能电站，深化项目选址工作，结合新能源开发布局，因地制宜利用抽水蓄能上下水库实现灌溉、防洪等综合利用，加快项目前期工作，扎实做深项目勘察设计工作，推进项目开工建设[5]。

（五）扎实推进成渝地区双城经济圈建设

推动成渝地区双城经济圈建设，打造带动全国高质量发展的重要增长极和新的动力源，既是党中央交给川渝两省市的重大政治任务，也是两地迎来的重大历史机遇。四川要通过增强能源、水资源等保障能力，加快构建现代化基础设施体系，整合发展优势产业、统筹承接产业转移，重塑区域产业发展格局，加快形成相对完整的产业链供应链体系，共同培育世界级产业集群，助推完善现代化基础设施体系和现代化产业体系，推进成渝地区双城经济圈建设。

参考文献

[1] 四川省"十四五"新型基础设施建设规划[EB/OL].（2021-09-10）[2022-10-10].https://www.sc.gov.cn/10462/zfwjts/2021/9/10/ff0c000e339b4bd8b83dc2f24e9c88ed/files/103000275dd147fdad979120da9ec426.pdf.

[2] 田姣，高杲，彭瑀珩.三组关系看"共建"[N].四川日报，2022-01-18（11）.

[3] 四川省"十四五"能源发展规划[EB/OL].（2022-03-09）[2022-10-10].http://energylaw.chinalaw.org.cn/portal/article/index/id/3247.html.

[4] 四川省"十四五"自然资源保护和利用规划[EB/OL].（2022-04-22）[2022-10-10].https://www.sc.gov.cn/10462/zfwjts/2022/4/22/e8143e644052441c84d3be47dbe614bc.shtml.

[5] 四川省"十四五"可再生能源发展规划[EB/OL].（2022-05-09）[2022-10-10].http://fgw.sc.gov.cn/sfgw/c106099/2022/5/9/9e6bbd745374496d9614376f14f75553.shtml

作者简介

石旻，女，中共四川省委党校（四川行政学院）区域经济教研部讲师，博士。

接续推进乡村振兴的四川实践

四川要深入实施乡村建设行动，大力改善农村生产生活条件，加快农业农村现代化步伐；推动巩固拓展脱贫攻坚成果同乡村振兴有效衔接，守住不发生规模性返贫底线。

——《高举习近平新时代中国特色社会主义思想伟大旗帜 团结奋进全面建设社会主义现代化四川新征程——在中国共产党四川省第十二次代表大会上的报告》

2022 年 6 月 7 日到 10 日，习近平总书记来川视察指导，强调要巩固拓展脱贫攻坚成果，接续推进乡村振兴，守住不发生规模性返贫底线。2022 年中央一号文件指出："从容应对百年变局和世纪疫情，推动经济社会平稳健康发展，必须着眼国家重大战略需要，稳住农业基本盘、做好'三农'工作，接续全面推进乡村振兴，确保农业稳产增产、农民稳步增收、农村稳定安宁。"[1]四川要深入贯彻落实习近平总书记来川视察重要指示精神，贯彻落实好中央关于"三农"工作的重要部署，奋力开创四川接续推进乡村振兴新局面。

一、充分认识脱贫攻坚伟大成就

四川是全国脱贫攻坚的主战场之一，习近平总书记多次对四川脱贫攻坚作出重要指示批示，特别是对凉山州脱贫攻坚提出了重要指示要求。在以习近平同志为核心的党中央坚强领导下，四川省委明确提出，把脱贫攻坚作为最大的政治责任和最大的民生工程，锚定"两不愁三保障"目标，为精准扶贫下足"绣花"功夫，取得了巨大成效。

（一）书写了马克思主义反贫困理论的新篇章

四川举全省之力决战决胜脱贫攻坚，全省 625 万建档立卡贫困人口全部脱贫、88 个贫困县全部摘帽、11 501 个贫困村全部退出，集中连片特困地区全面摆脱贫困，特别是聚力攻克大小凉山彝区深度贫困堡垒，与全国人民一道步入全面小康社会[2]。新时代四川脱贫攻坚的历程，体现了对马克思主义反贫困理论的深化和升华，使消除绝对贫困、增加人民生活的获得感和幸福感成为必然。2018年2月12日，习近平总书记亲临大凉山腹地昭觉县视察指导、看望慰问贫困群众时强调："我们搞社会主义，就是要让各族人民都过上幸福美好的生活。全面小康路上不能忘记每一个民族、每一个家庭。"这一论述与马克思主义反贫困理论一脉相承，是马克思主义反贫困理论在我国的创新和发展。

（二）提升了贫困群众的收入并显著改善贫困地区的生产生活条件

党的十八大以来，四川省贫困地区的生产生活条件有了很大改善。贫困人口收入增加明显，"两不愁"的质量得到进一步提升，整体解决了"三保障"的突出问题。2021年，四川脱贫户家庭年人均纯收入实现11 073元，较2020年的9 480元增长16.8%[3]。贫困人口的住房安全、义务教育、基本医疗实现全覆盖，并普遍解决了出行难、上学难、吃水难、通信难、用电难、看病难以及就业难等长久存在的老大难问题。所有条件完善的建制村都铺设了硬化路，农网供电可靠率高达99.85%，脱贫村通宽带比例超过98%；贫困地区社会事业发生巨大变化，办学条件得到改善提升，民族地区"一村一幼"、15年免费教育、"9+3"免费职业教育全面实行。全省基本构建起县、乡、村三级医疗卫生服务体系，贫困患者县域内住院医疗费用个人支付占比控制在10%以内，大病救治覆盖率达99.6%。一些危害生命的地方病、传染病得到有效控制；贫困地区发展动能发生了巨大变化。着力发展特色优势产业，扩大种养规模、提升产品品质、做长做优产业链条，带动老百姓脱贫增收能力进一步增强。

（三）脱贫群众精神风貌焕然一新

脱贫攻坚也取得了精神上的累累硕果，贫困群众的精神世界在脱贫攻坚中得到充实和升华，发生了从内而外的深刻改变。通过发挥村规民约作用，推广道德评议会、红白理事会等做法，开展移风易俗行动、弘扬好家风和"星级文明户"评选等，脱贫地区文明程度显著提升，陈规陋习得到进一步破除。婚事新办、丧事简办、孝亲敬老、邻里和睦等社会风尚广泛弘扬，既有乡土气息又有现代时尚的新时代乡村文明新风正在形成；村民议事会、扶贫理事会等制度的推广，让村民做到大家的事大家议、大家办，拓展了贫困群众参与脱贫攻坚的议事管事空间，提高了其参与集体事务的积极性自觉性，使其主人翁意识显著提升；交通基础设施的改善、公共文化事业的发展和网络的普及使贫困群众的开放意识、创新意识、市场意识等显著增强，脱贫致富点子越来越多、路子越来越宽。

（四）党群干群关系明显改善，党在农村的执政基础更加牢固

在四川打赢脱贫攻战中，农村基层党组织及其党员得到了历练，展现出众

志成城的磅礴力量，识贫、扶贫能力显著提高，解决贫困问题的方式方法坚强有力，自身的内生动力得到了激发和加强。党组织、干部、群众的关系更加紧密，党的执政基础进一步稳固。

二、巩固脱贫攻坚成果

四川牢记习近平总书记的关怀嘱托，大力弘扬脱贫攻坚精神，牢牢守住不发生规模性返贫底线，扎实推进巩固拓展脱贫攻坚成果接续乡村振兴民生改善[4]，强增收、提质量，确保脱贫基础更加稳固、成效更加持续、群众更加有获得感。

（一）织密巩固拓展脱贫成果政策体系，夯实乡村振兴基础

四川把建立完善巩固拓展脱贫成果政策体系作为"我为群众办实事"的前提和基础，抢抓五年过渡期政策机遇，严格落实"四个不摘"要求，结合实际并制定出台全省5年过渡期推进有效衔接工作的指导性文件《关于实现巩固拓展脱贫攻坚成果同乡村振兴有效衔接的实施意见》。省级相关行业部门制定出台37个配套政策，涵盖总体安排、帮扶力量、衔接资金、财政金融、防止返贫动态监测帮扶、特色产业发展、教育医疗、社会救助等方面，构建形成了"1+37"政策体系。

（二）多措并举，加强防止返贫动态监测帮扶

四川把防止返贫动态监测作为"我为群众办实事"的重要抓手，结合省情出台《四川省健全防止返贫动态监测和帮扶机制办法（试行）》，坚持全覆盖集中排查、全方位动态监测、全过程精准帮扶，先后开展防返贫集中排查2轮，核查风险线索43万余条，监测对象全部落实针对性帮扶措施，做到了早发现、早干预、早帮扶，确保贫困人口动态清零。按照"缺啥补啥"原则，针对性落实产业就业、综合保障、防贫保障基金等"N种"帮扶措施，确保监测对象"应扶尽扶"，坚决筑牢防止返贫致贫底线。

（三）扎实推进易地搬迁后续扶持，提升综合治理能力

易地扶贫搬迁安置点后续扶持是持续巩固拓展脱贫攻坚成果的重要内容[5]。习近平总书记明确要求："对易地扶贫搬迁群众要搞好后续扶持，多渠道促进就业，强化社会管理，促进社会融入。"脱贫攻坚以来，四川省累计完成易地搬迁136.05万人，其中，凉山州完成易地扶贫搬迁35.32万人，占四川省易地扶贫搬迁总任务的25.6%，四川70%的大型及以上安置点都集中在凉山。对标"搬得出、稳得住、能致富"目标，凉山用"牛之反刍"精神写好易地搬迁"后半篇文章"。聚焦提升安置点治理效能，全覆盖建立警务室、

社区志愿服务站、党群服务中心、妇女儿童之家、新时代文明实践站、智慧社区服务平台等，构建起党组织为核心的自治、法治、德治、智治相结合的"一核四治"社区治理新体系[6]；聚焦推动形成健康文明新风尚，深入开展"牢记嘱托、感恩奋进"教育活动，常态化开展"文科卫三下乡"等活动，选树文明家庭、洁美家庭等先进典型；聚焦多措并举促进搬迁群众就业增收，持续提升安置区后续产业配套能力。

（四）深化东西部协作和对口支援，着力提高协作帮扶水平

四川深入贯彻习近平总书记对深化东西部协作和定点帮扶工作重要指示精神，调整完善东西部协作、定点帮扶、省内对口帮扶、驻村帮扶等机制，落实东西部协作资金 34.05 亿元、实施项目 776 个，新一轮 3.4 万名驻村干部轮换上岗并履职到位。建立协作推进机制，深化拓展战略合作，推动产业、劳务、人才、教育、医疗以及消费等重点领域协作。

（五）"富脑袋"与"富口袋"并举，激发群众内生动力

坚持"富脑袋"与"富口袋"并举，充分发挥科技文化卫生"三下乡""树新风助振兴"等载体活动作用，持续激发脱贫群众内生动力；依靠发展来解决脱贫人口稳岗就业增收。具体措施上，从抓脱贫人口产业发展、脱贫人口稳岗就业、新型农村集体经济发展等方面促增收。2021 年，新增发放脱贫人口小额信贷 11.59 亿元，帮助 3.2 万户脱贫人口及边缘易致贫户发展产业。公益品牌持续带动脱贫地区产品销售，销售额达 199.4 亿元。脱贫劳动力实现就业 226 万人，比 2020 年高 2.5 个百分点。

三、接续推进乡村振兴

四川以问题为导向，牢牢把握实施乡村振兴战略的正确方向，在科学研判省情实际和乡村发展趋势的基础上，有力有序地推进乡村振兴各项工作，采取了以下精准有效的战略安排：

（一）强化规划约束引导，完善顶层制度设计

四川省坚持规划先行，将顶层设计的科学性与基层实践的创造性有机结合起来，形成了乡村振兴较为完整的制度框架和政策体系。一是推动规划编制。印发《关于四川省县域乡村振兴规划编制的指导意见》，明确"1+6+N"的县域乡村振兴规划体系，在全国率先将村规编制作为实施乡村振兴战略的基础性工作。二是开展规划试点。采用竞争比选的方式，从秦巴山区、乌蒙山区、高原涉藏地区、大小凉山彝区、川西平原地区和川中丘区分类选择 22 个县市区和 30 个乡镇开展乡村振兴规划编制试点。三是强化规划落实。强化乡村振兴

战略规划执行监管，严格实行规划审批制度，建立健全村镇基层规划建设管理队伍。在全省建立县（市、区）政府每年向同级人大报告、向同级政协通报乡村振兴战略实施情况的制度。

（二）聚焦脱贫地区，全力巩固脱贫攻坚成果

巩固拓展脱贫攻坚成果最重要的就是守住不发生规模性返贫的底线[7]。防返贫监测是有效衔接工作的第一颗纽扣。在发现机制上，将修订《四川省健全防止返贫动态监测和帮扶机制办法（试行）》，优化自上而下排查和自下而上申报机制，进一步简化识别程序，精准认定监测对象，做到应纳尽纳；易地搬迁后续扶持方面，要立足安置点资源禀赋，谋划和培育一批农业产业园区，引进和培育一批劳动密集型加工项目和帮扶车间，推行"党建引领+综合服务+综治保障+科技赋能"的社区治理新模式等。同时，持续抓好掉边掉角户搬迁工作。抓好"三保障"和饮水安全成果巩固、乡村振兴重点帮扶县和重点帮扶村工作。

（三）推进农业提质升级，构建现代化产业体系

四川省着眼于资源禀赋和比较优势，精准选择若干特色农业作为乡村产业振兴的基础依托。一是明确发展重点。四川确立了特色农产品优势区和全国优质特色农产品供给基地、全国商品猪战略保障基地建设的发展定位，将"10+3"现代农业产业体系作为乡村产业振兴的重点，推动川粮油、川猪、川茶、川菜、川酒、川竹、川果、川药、川牛羊、川鱼十大优势特色产业全产业链融合发展，夯实现代农业种业、现代农业装备、现代农业烘干冷链物流三大先导性产业支撑。二是注重产业升级。四川将"优绿特强新实"六字经作为乡村产业振兴的重要方向，将农业产业园区建设作为工作重点，出台《四川省现代农业园区建设考评激励方案》，通过产业园、加工园、科技园、农村产业融合发展示范园以点带面促进农业发展能级提升。

（四）聚焦人居环境整治，建设生态宜居乡村

四川省将"美丽四川·宜居乡村"农村人居环境整治作为实施乡村振兴战略的"第一仗"，不断推进美丽生态宜居乡村建设。在制度设计上，组织编制市县两级农村人居环境整治规划；在整治内容上，明确生活垃圾治理、生活污水治理、卫生厕所改造和粪污治理、旧村改造与村容村貌提升、完善建设和管护机制五大内容；在技术手段上，按照平原、丘陵、山地不同地形，人文、旅游、生态不同类别，确定不同种类村庄整治标准和建设内容，分级分类制定农村生活垃圾污水处理设施建设和运行维护技术指南；在管护机制上，建立行政村常态化保洁制度，探索建立垃圾污水处理农户付费制度，支持村级组织和

农村工匠带头人等承接村内环境整治、农房建设等小型涉农工程项目建设与管护。

（五）保护弘扬传承文化，焕发乡风文明气象

四川省明确打造全国具有重要影响力的乡村文化振兴试验区和示范区的目标定位，积极促进乡村文明传承、文化弘扬和文化发展。一是强化形成传统文化传承和保护。开展乡村文化的恢复整理和保护抢救，建立乡村传统文化保护名录，按照一村一策、一户一策对传统村落、乡土建筑和民族特色村镇进行保护修缮。二是开展乡风文明创建。坚持教育引导、实践养成、制度保障"三管齐下"，推动文明村镇和"四好村"建设，开展乡风文明建设主题活动，弘扬公序良俗。三是增强乡村优质文化供给。完善乡村文化基础设施，落实乡村公共文化服务保障标准，完善乡村文化公共服务体系建设，实现乡村两级公共文化服务全覆盖。四是推动文化资源的保护性开发。在深度挖掘历史、地域和少数民族文化等的基础上，打造"文化创新+观光旅游+休闲体验"的产业综合体，培育文化品牌，促进传统文化资源与现代消费需求有效对接。

（六）围绕促进"三治融合"，优化乡村治理体系

四川省按照法治为本、德治为先、自治为基的原则，完善乡村治理，促进乡村治理能力现代化。一是加强农村基层党组织建设。推行村级小微权力清单制度，推动形成以党组织为核心，集体经济组织、村民自治组织、社会组织等多元组织参与的"一核多元"的共治局面。二是推进村民自治。完善民主治村工作机制，部分地区成立了村民议事会、理事会以及村务监督委员会等自治载体，村级阳光事务工程在多个市州推行。三是实施依法治村。推进阳光治村和平安治村，推动"法律七进"乡村宣传教育和"民主法治示范村"创建。四是完善德治体系。推进农村公民道德建设工程和乡村信用体系建设，同时，通过相关部门和乡镇政府的指导，规范各地村规民约的制订和修订。

（七）完善工作推进机制，汇聚乡村振兴合力

四川省坚持农业农村优先发展的原则，以强有力的组织领导和工作力度接续推动乡村振兴。一是强化组织保障。构建党委统一领导、政府负责、党委农村工作机构统筹协调的领导机制，构建省负总责、市县抓落实的工作机制，落实五级书记抓乡村振兴的工作格局。二是强化要素保障。强化"人地钱"保障机制，把乡村人才纳入各级人才培养计划予以重点支持，建立县级青年公职人员到乡村挂职制度、探索县乡新进公职人员到农村开展定期服务制度以及第一书记派驻长效工作机制。坚持拓展增量与激活存量并重，将年度新增建设用地计划总量的8%单列为农业农村发展所需建设用地，将盘活乡村闲置校舍、

废弃地、闲置宅基地等农村集体建设用地作为工作重点；构建财政支农投入稳定增长机制，涉农县（市、区）每年公共财政支出中对乡村振兴投入要达到一定比例，将土地出让收入和城乡建设用地增减挂钩节约所获收入用于支持乡村发展。

参考文献

［1］中共中央 国务院关于做好 2022 年全面推进乡村振兴重点工作的意见［J］.中华人民共和国国务院公报，2022（7）：5-13.

［2］在四川脱贫攻坚新闻发布会的主发布词［N］.四川日报，2020-09-10.

［3］2021 年四川省国民经济和社会发展统计公报［N］.四川日报，2022-3-14.

［4］王晓晖.高举习近平新时代中国特色社会主义思想伟大旗帜 团结奋进全面建设社会主义现代化四川新征程：在中国共产党四川省第十二次代表大会上的报告（2022 年 5 月 27 日）［N］.四川日报，2022-06-06.

［5］奋力开创全面推进乡村振兴新局面［N］.人民日报，2022-02-23.

［6］宁显林，张瑶，陈治红.凉山综合施策巩固拓展脱贫攻坚成果［N］.凉山日报（汉），2022-01-24.

［7］习近平.在全国脱贫攻坚总结表彰大会上的讲话［M］.北京：人民出版社，2021.

作者简介

陈星仪，女，中共凉山彝族自治州委党校（凉山行政学院）经济学教研室讲师。

着力保障和改善民生的四川实践

　　共同富裕是中国式现代化的重要特征。要悟透以人民为中心的发展思想，紧紧围绕让老百姓过好日子，加强基础性、普惠性、兜底性民生保障建设，促进民生社会事业全面进步，推动共同富裕取得更为明显的实质性进展。

　　——《高举习近平新时代中国特色社会主义思想伟大旗帜 团结奋进全面建设社会主义现代化四川新征程——在中国共产党四川省第十二次代表大会上的报告》

一、着力保障和改善民生的战略要求

　　民生是人民幸福之基，社会和谐之本。党和政府历来重视民生保障工作，特别是党的十八大以来，习近平总书记多次在多个场合对着力保障和改善民生的理念、工作内容和根本遵循都有着较为详细的阐述，这些论述为进一步做好民生保障工作指明了方向。

　　在民生理念方面，习近平总书记指出，民生保障工作要做到发展为了人民、发展依靠人民、发展成果由人民共享[1]。民生工作的目标是不断促进人的全面发展和全体人民共同富裕。由此可见，"以人民为中心"的发展理念是其民生思想的重要核心。

　　在工作内容方面，习近平总书记把民生建设放在全面建成小康社会、实现中华民族伟大复兴的"中国梦"大背景下进行阐释，形成了"大民生观"，体现出较为鲜明的时代特色创新价值[2]。在习近平总书记看来，民生涉及人民对美好生活向往的各个方面，包括教育、就业、收入分配、社会保障、医疗卫生、住房、生态环境等多个方面。他强调必须多谋民生之利、多解民生之忧，在幼有所育、学有所教、劳有所得、病有所医、老有所养、住有所居、弱有所扶上不断取得新进展[3]，确保人民在共建共享发展中有更多获得感。习近平总书记特别强调保障和改善民生，要特别关注对特定人群的精准帮扶，使他们及其后代发展能力得到有效提升[4]。

在基本遵循方面，习近平总书记指出保障和改善民生要既尽力而为，又量力而行，必须坚持在发展中保障和改善民生。习近平总书记反复强调，保障和改善民生始终是一项长期工作，要实现经济发展和民生改善之间的良性循环。经济发展是基本前提，离开经济发展谈改善民生是无源之水、无本之木，他在《求是》杂志的署名文章里也强调，"要汲取经验教训，既避免像一些拉美国家那样盲目进行'福利赶超'落入'中等收入陷阱'，又避免像一些北欧国家那样实行'泛福利化'导致社会活力不足"[5]。

二、四川民生工作的历史性成就

（一）教育事业优先发展

党的十九大明确指出，建设教育强国是中华民族伟大复兴的基础工程，必须把教育事业放在优先位置。四川省近年来大力发展教育事业，并且在数量和质量上都取得了显著的成效。截至 2021 年年底，四川省共有各级各类学校 2.4 万所，在校生 1 627.1 万人，教职工 123.4 万人，其中专任教师 99.2 万人；在这些学校当中，共有普通小学 5 443 所，招生 89.6 万人，在校生 549.0 万人；普通初中 3 522 所，招生 93.2 万人，在校生 279.8 万人；普通高中 806 所，招生 49.0 万人，在校生 143.8 万；特殊教育学校 135 所，招生 0.3 万人，在校生 1.7 万人；中等职业教育学校（含技工学校）482 所，招生 42.2 万人，在校生 102.7 万人；职业技术培训机构 2 986 个，职业技术培训注册学员 105.0 万人次；年末共有普通高校 134 所，全年普通本（专）科招生 60.4 万人，增长 2.4%；在校生 192.1 万人，增长 6.7%；毕业生 45.2 万人，增长 4.3%；研究生培养单位 36 个，招收研究生 5.1 万人，在校生 14.7 万人，毕业生 3.6 万人；成人高等学校 13 所，成人本（专）科在校生 38.14 万人，参加学历教育自学考试 55.9 万人次[6]。在取得成绩的同时，应该看到四川省在教育发展方面还存在不少问题，不平衡不充分的问题依然突出，偏远地区、乡村优质教育资源依然稀缺。除此之外，四川省在职业教育和培训体系、学生资助、师德师风建设及继续教育等方面还有大量的工作需要去完成。

（二）稳步提高就业数量质量

就业是民生之本，是人民群众改善基本生活的基本前提和基本途径。习近平总书记多次提及就业问题，他指出："党和国家要实施积极的就业政策，创造更多就业岗位，改善就业环境，提高就业质量，不断增加劳动者特别是一线劳动者劳动报酬。"近年来，受新型冠状病毒感染疫情影响，居民的就业受到很大冲击，四川省委坚持把就业促进作为经济社会发展的优先目标，大力实施就业优先战略，积极推动实现"稳就业""保就业"举措，全省就业局势总体稳定。以 2020 年为例，全省年末城乡就业人员 4 745 万人，全年城镇新增就业 96.22 万人，城镇失业人员再就业 30.89 万人，就业困难人员就业 8.88 万人，全年共帮助 162 户零就业家庭每户至少 1 人实现就业；年末实有城镇登记失业人员 54.44 万人，城镇登记失业率 3.63%。2020 年末全省农村劳动力转移就业输出 2 573.4 万人，比上年增加 90.8 万人，全年实现劳务收入 5 673.6 亿元，增加 750.2 亿元，增长 15.2%；2020 年，全省共实名登记 2020 届离校未就业高校毕业生 12.21 万人，实现就业创业 10.62 万人、处于就业活动中 1.46 万人，占登记总数的 99%；累计发放创业补贴 0.4 亿元，促进 0.4 万名大学生实现创业；全年有 7 600 名高校毕业生参加就业见习，招募 1 896 名"三支一扶"人员到农村基层服务；2017 级民族地区"9+3"毕业生初次就业率达到 98.0%，超过目标任务 3 个百分点。疫情期间，人社部门开行返岗专车专列（厢）专机，运送贫困劳动力 53 万人，利用就业扶贫基地、车间等吸纳贫困劳动力就业 1.7 万人，通过新增临时公益性岗位安置贫困劳动力 26.9 万余人；大力开展深度贫困地区技能培训全覆盖行动、技能脱贫千校行动和"扶贫专班""送培训下乡"等活动，扎实抓好技能扶贫。聚焦"应保尽保"目标，稳步推进社保扶贫，345.4 万名符合条件的贫困人员被纳入了养老保险代缴范围。成功举办"四大片区"急需紧缺专业技术人才研修项目 48 期，培训当地急需紧缺专业技术人才 5 000 余人，开展 115 期专家智力服务基层示范活动、举办专题讲座 1.49 万场次[7]。

（三）努力完善收入分配体系

党和政府致力于完善公平正义的分配制度，努力解决多年遗留的收入分配结构不合理、收入差距过大等问题。四川省委认真贯彻党中央、国务院的相关要求，努力做好收入分配工作。2021 全年全体居民人均可支配收入 29 080 元，比上年增长 9.6%；按常住地分，城镇居民人均可支配收入 41 444 元，比上年增加 3 191 元，比上年增长 8.3%；城镇居民人均消费支出 26 971 元，比上年增长 7.3%；农村居民人均可支配收入 17 575 元，比上年增加 1 646 元，比上年增长 10.3%，农村居民人均消费支出 16 444 元，增长 10.0%。在特殊困难群体方面，全年纳入城市低保人数 58.9 万人，农村低保人数 359.6 万人，城乡最低生活保障标准低限分别为 695 元/月、514 元/月，比上年分别提高 82 元/月、80 元/月[6]。为了彻底扭转农村的绝对贫困问题，在党中央的领导下，四川省开展了扎实的脱贫攻坚行动，在短短的 8 年时间里，完成了 750 万人口全部脱贫、贫困县全部摘帽的任务，于 2020 年年底如期完成脱贫攻坚任务，并且连续 4 年在国家扶贫开发工作考核中被综合评价为"好"，标志着四川省高质量地完成了脱贫任务。2021 年，四川民政为全省 81.64 万的困难残疾人发放生活补贴，总共发放补贴资金 10.51 亿元，其中省级资金 3.5 亿元，市、县资金 7.01 亿元[8]。

（四）优化社会保障结构

社会保障是保障和改善民生、维护社会公平、增进人民福祉的基本制度保障，是促进经济社会发展、实现广大人民群众共享改革发展成果的重要制度安排，发挥着民生保障安全网、收入分配调节器、经济运行减震器的作用，是治国安邦的大问题。四川省委、省政府高度重视社会保障工作。截至 2021 年年末，四川省参加城乡居民基本养老保险人数 3 224.2 万人，参加城镇职工基本养老保险人数 2 830.1 万人，参加失业保险人数（不含失地农民）1 047.3 万人，参加工伤保险人数 1 320.1 万人。全年城镇职工基本养老保险基金总收入 3 055.8 亿元，全年基金总支出 3 447.9 亿元，年末基本养老保险基金累计结存 3 367.4 亿元。全年城乡居民基本养老保险基金总收入 313.9 亿元，基金总支出 212.5 亿元，年末基金累计结存 632.5 亿元。截至 2022 年第一季度末，参加基本医疗保险人数 8 267.84 万人，其中城镇职工基本医疗保险 1 922.2 万人，参加城乡居民医疗保险人数为 6 345.64 万人。截至 2022 年一季度末，基本医疗保险基金总收入、总支出分别为 456.26 亿元、178.08 亿元，累计结余 2 528.59 亿元。城镇职工基本医疗保险（含生育保险）基金收入 251.64 亿元，基金支出 92.57 亿元，其中统筹基金累计结余 1 304.85 亿元，个人账户累计结余 603.58 亿元。城乡居民基本医疗保险基金收入 204.62 亿元，基金支出 85.51 亿元，当期结余 119.11 亿元[9]。应该说，四川省近年来社会保障事业发展非常迅速，但是不同人群、城乡之间保障水平依然悬殊。

（五）抑制房价过快增长

住房问题是一个社会问题，也是改善民生的重要方面。坚持"房子是用来住的，不是用来炒的"定位，解决好 14 亿老百姓的住房问题，需要靠市场和政府共同发力。针对住房困难户，政府必须"补好位"，为困难群众提供基本住房保障。四川省 2021 全年房屋建筑施工面积 72 351.8 万平方米，增长 6.9%；竣工面积 23 250.8 万平方米，增长 3.0%，其中住宅竣工面积 16 532.9 万平方米，增长 0.7%[6]。

（六）推进健康中国建设

古往今来，健康是人们实现全面发展的必然要求，因此一直受到人们的广泛关注，甚至可以说健康问题能够直接检验民生问题解决的成色。四川省委、省政府认真贯彻落实党中央、国务院《"健康中国 2030"规划纲要》，积极提升基层卫生服务水平。2021 四川省全年医疗机构总诊疗人次 54 647.2 万人次，其中医院 23 356.3 万人次（民营医院 3 899.8 万人次），基层医疗机构 29 211.8 万人次；出院 1 856.7 万人，其中医院 1 352.8 万人（民营医院 322.7 万人），基层医疗机构 447.9 万人；县域内住院率 95.9%；孕产妇死亡率、婴儿死亡率和 5 岁以下儿童死亡率持续下降，分别降至 13.65/10 万、4.70‰、6.96‰。除此之外四川省还积极开展爱国卫生运动，全年新增省级卫生城市（县城）3 个，农村卫生厕所普及率 87.0%[6]。当前，四川省城乡医疗资源不平衡的问题还广泛存在，直接影响人们的健康水平，因此依然需要继续发力，着力提高人民的健康水平。

（七）大力推进生态文明建设

良好的生态环境是改善城乡民生的前提和基础。习近平总书记强调："良好的生态环境是最公平的公共产品，是最普惠的民生福祉。绿水青山就是金山银山。"为此，中央积极探索推动绿色发展方式，建立严格的生态环境保护机制，确保绿色发展方式得以持续开展。2021 年 12 月四川省委及时发布《关于以实现碳达峰碳中和目标为引领推动绿色低碳优势产业高质量发展的决定》，以能源绿色低碳发展为关键，走好服务国家战略全局、支撑四川未来发展的绿色低碳发展之路。目前产业格局正加速形成，以金沙江、雅砻江、大渡河流域为重点的水电生产平稳发展，随着乌东德、白鹤滩等大型水电站相继建成投运，清洁电力装机容量继续稳居全国第 1 位。甘孜、阿坝、凉山、攀枝花等"三州一市"风电、太阳能加速开发。2021 年全省风力发电量增长 21.9%，太阳能发电量增长 17.9%，清洁能源生产结构进一步完善。当然，在发展过程中也存在资源开发与环境保护统筹、政策驱动与产业发展协同、关键技术人才引进及综合利用推进等方面的困难，需要进一步突破。

三、不断提高人民生活水平和质量

四川省第十二次党代会报告提出："要悟透以人民为中心的发展思想，紧紧围绕让老百姓过好日子，加强基础性、普惠性、兜底性民生保障建设，促进民生社会事业全面进步，推动共同富裕取得更为明显的实质性进展。"[10]报告为四川省民生保障事业指明了方向。四川在着力保障和改善民生时要紧紧抓住以人民为中心的思想，朝着共同富裕的目标奋力前行。

在教育方面，四川省应当实施就业优先战略。第一，大力推进学前教育普及普惠发展，大力发展公办幼儿园，降低家庭抚育子女成本。第二，促进城乡义务教育优质均衡化发展，努力构建优质教育资源的均等化享有机制。第三，深入开展民族地区免费教育计划，推动教育提质增效。第四，加快高中教育多样化发展，完善职业教育贯通培养体系。第五，推动高等教育内涵式高质量发展。第六，努力建构终身教育体系。

在就业方面，要不断提升就业的数量与质量。第一，大力拓展就业空间。积极引进就业能力强的产业，创造更多就业岗位；不断拓展就业新领域。第二，积极开展职业技能培训，不断夯实教育培训基地，培养各类技能人才。第三，努力打通高校毕业生及农民工就业、创业通道。第四，积极开发公益性岗位，为就业困难群体提供稳定的收入来源。要在宏观上不断完善收入分配和工资合理增长机制，实施中等收入群体递增计划，促进橄榄型分配结构的形成。

在推进健康四川建设方面要努力做到：第一，继续深化"三医"联动改革，促进优质医疗资源均衡布局，构建高效的分级诊疗体系，着力提升基层医疗卫生服务能力。第二，构建强大的公共卫生服务体系，常态化做好新型冠状病毒感染疫情防控和其他重大传染病防治。第三，高标准建设国家级和省级医学中心、区域医疗中心以及国家精准医学产业创新中心，积极发展儿童、妇产、老年等专科医院。第四，大力开展爱国卫生运动，构建全民健身公共服务体系，广泛开展群众性体育活动。

在兜紧兜牢民生保障底线方面，要努力做好底线公平。第一，建立完善的多层次社会保障体系制度，积极推进全民参保计划，提高统筹层次，进一步提升社会保险的抗风险能力。第二，完善特殊人群的帮扶机制。建立低保标准动态调整机制和残疾人福利保障机制等。第三，坚持住房不炒的基本定位。继续完善适合本地的房地产政策，支持刚性和改善性住房需求，多措并举解决新市民、低收入群体等的住房问题。

在共同富裕的道路上，四川省内欠发达地区、革命老区、民族地区、盆周山区由于受历史、地理及气候等因素的影响，在基本公共服务的获得方面与省内其他地方相比依然有一定的差距，应当加大政策及资金的倾斜力度，努力缩小区域差距、城乡差距和收入差距，从民生保障的各个方面扎实推进共同富裕，争取实现四川的高质量发展。

参考文献

[1] 习近平总书记重要讲话文章选编 [M]. 北京：学习出版社，2014.

[2] 习近平. 习近平谈治国理政 [M]. 北京：外文出版社，2014.

[3] 中国共产党第十九次全国代表大会上的报告（2017年10月18日）.

［4］习近平总书记重要讲话文章选编［M］.中央文献出版社、党建读物出版社.2016.

［5］习近平.促进我国社会保障事业高质量发展、可持续发展［J］.求是，2022（8）：4-10.

［6］2021年四川省国民经济和社会发展统计公报［N］.四川日报，2022-03-14.

［7］2020年四川省人力资源和社会保障事业发展统计公报［N］.四川日报，2022-08-12.

［8］2021年中央经济工作会议公报（2021年12月10日）.

［9］2022年一季度四川省基本医疗保险主要指标信息发布（2022年5月12日）

［10］王晓晖.高举习近平新时代中国特色社会主义思想伟大旗帜 团结奋进全面建设社会主义现代化四川新征程：在中国共产党四川省第十二次代表大会上的报告（2022年5月27日）［N］.四川日报，2022-06-06.

作者简介

刘世爱，男，中共四川省委党校（四川行政学院）公共管理教研部讲师，博士。

生态文明建设的四川实践

坚定践行绿水青山就是金山银山理念，进一步树牢上游意识、强化上游担当，加强流域生态保护，推进美丽四川建设，促进人与自然和谐共生，为子孙后代守护好这一片蓝天、一江碧水、一方净土！

——《高举习近平新时代中国特色社会主义思想伟大旗帜 团结奋进全面建设社会主义现代化四川新征程——在中国共产党四川省第十二次代表大会上的报告》

四川是长江上游重要的生态屏障和水源涵养地，肩负着维护我国生态安全的重要使命。加强生态文明建设，不仅关乎巴山蜀水的秀美风光，更关乎国家生态安全和长远发展。2022年6月，习近平总书记来川视察时指出："保护好长江流域生态环境，是推动长江经济带高质量发展的前提，也是守护好中华文明摇篮的必然要求。四川地处长江上游，要增强大局意识，牢固树立上游意识，坚定不移贯彻共抓大保护、不搞大开发方针，筑牢长江上游生态屏障，守护好这一江清水。"

一、生态文明建设是关系中华民族永续发展的根本大计

习近平总书记深刻地指出："生态保护方面我无论是鼓励推动，还是批评制止，都不是为一时一事，而是着眼于大生态、大环境，着眼于中国的可持续发展、中华民族的未来。"生态文明建设是关系中华民族永续发展的根本大计，在"五位一体"总体布局中，生态文明建设是其中一位；在新时代坚持和发展中国特色社会主义的基本方略中，坚持人与自然和谐共生是其中一条；在到21世纪中叶建成社会主义现代化强国目标中，美丽中国是其中一个。

（一）我国现代化是人与自然和谐共生的现代化

习近平总书记指出："我国建设社会主义现代化具有许多重要特征，其中之一就是我国现代化是人与自然和谐共生的现代化，注重同步推进物质文明建设和生态文明建设。"作为14亿多人口的大国，环境容量有限、生态系统脆弱

是我国的基本国情，"胡焕庸线"东南方 42.9% 的国土，居住着全国 94.4% 左右的人口，以平原、水网、低山丘陵和喀斯特地貌为主，生态环境压力巨大，该线西北方 57.1% 的国土，供养大约全国 5.6% 的人口，以草原、戈壁沙漠、绿洲和雪域高原为主，生态系统非常脆弱。在推进社会主义现代化进程中，应将人与自然和谐共生放在突出位置，牢固树立尊重自然、顺应自然、保护自然的理念，坚决摒弃西方国家走过的"先污染后治理"的道路，坚定走生产发展、生活富裕、生态良好的文明发展道路，实现人与自然和谐共生。

（二）生态文明建设是关系民生的重大社会问题

习近平总书记指出："生态环境是关系党的使命宗旨的重大政治问题，也是关系民生的重大社会问题。"党的十九大作出了"我国社会主要矛盾已经转化为人民日益增长的美好生活需要和不平衡不充分的发展之间的矛盾"的重大战略判断，人民群众对优美生态环境的需要已经成为这一矛盾的重要方面。不断满足人民日益增长的优美生态环境需要，既是习近平生态文明思想的重要内容，也是我们党的奋斗目标和执政使命所在。改革开放以来，我国居民人均可支配收入从 1978 年的 171 元增长到 2021 年的 35 128 元，增长了 204 倍，全国居民恩格尔系数从 1978 年的 63.9% 下降至 2021 年 29.8%，降幅达 53.3%。随着经济发展和生活水平提升，人们的基本诉求也从"盼温饱"向"盼环保"、"求生存"向"求生态"转变。践行以人民为中心的发展思想，必须积极回应人民群众所想、所盼、所急，努力提供更多优质生态产品，让优美生态环境成为人民幸福生活的增长点。

（三）绿水青山既是自然财富，又是经济财富

习近平总书记强调："绿水青山既是自然财富，又是经济财富，要牢固树立绿水青山就是金山银山的理念，坚定不移走生态优先、绿色发展之路。""绿水青山"作为良好的自然生态系统，它本身就具有良好的服务功能，是有价值的。联合国《千年生态评估》报告将地球生态系统的服务功能划分为供给、调节、文化、支持 4 大类 23 种。著名生态学家康斯坦赞将地球生态系统的服务功能分成大气调节、气候调节、干扰调节、水调节、水储存、控制侵蚀和保持沉积物、土壤形成等 17 种类型。第三期中国森林资源核算研究成果显示，全国森林生态系统提供生态服务总价值达 15.88 万亿元，林地林木资源总价值达 25.05 万亿元，其中林地资产 9.54 万亿元，林木资产 15.52 万亿元。可见，绿水青山具有巨大的潜在经济价值，推动绿水青山向金山银山转化，是实现生态价值和经济价值有机统一的重要路径。

二、四川全力做好生态文明建设这篇大文章

党的十八大以来，四川始终胸怀"国之大者"，不断健全生态文明建设制度体系，奋力打好污染防治攻坚战，加快推动绿色低碳发展，切实筑牢长江黄河上游生态屏障，美丽四川画卷不断铺展。

（一）着力构筑环境保护大格局，生态文明理念深入人心

生态环境保护认识逐步深化。党的十八大以来，四川牢固树立和贯彻新发展理念，坚定推动中央决策部署在四川落地见效。四川省委十届八次全会通过了《中共四川省委关于推进绿色发展建设美丽四川的决定》，四川省委十一届三次全会通过的《中共四川省委关于深入学习贯彻习近平总书记对四川工作系列重要指示精神的决定》和《中共四川省委关于全面推动高质量发展的决定》，均对生态文明建设作出了具体部署，四川省委十一届十次全会专题通过《中共四川省委关于以实现碳达峰碳中和目标为引领推动绿色低碳优势产业高质量发展的决定》，四川省第十二次党代会专门对筑牢长江黄河上游生态屏障做出重要部署。环境保护"党政同责、一岗双责"责任不断夯实，公众参与环境保护的渠道不断拓展，全社会生态意识不断增强，生态优先、绿色发展理念深入人心。

生态文明建设制度体系日益完善。党的十八大以来，四川省生态环境保护领域法规规章和规范性文件出台密度前所未有。《四川省环境保护条例》《四川省饮用水水源保护管理条例》《四川省地质环境管理条例》等法规规章先后落地，初步形成了以《四川省环境保护条例》为龙头，覆盖大气、水、地质、自然保护区等主要环境要素的法规体系。颁布了《四川省河湖长制条例》，实现河湖长制从"有章可循"到"有法可依"；编制了《四川省水生态环境质量和环境空气质量激励约束办法》，每月召开新闻发布会通报空气质量月排名。制定《四川省加快推进生态文明建设实施方案》等多个改革方案，四川省第一部流域保护类省级法规《四川省沱江流域水环境保护条例》于 2019 年 9 月 1 日起施行，生态环境保护领域制度体系日臻完善。

（二）全力打好污染防治攻坚战，生态环境质量不断改善

蓝天保卫战成效显著。党的十八大以来，四川把打赢蓝天保卫战作为全省环境保护"一号工程"，以改善大气环境质量为目标，以成都平原、川南、川东北三大区域为主战场，坚持质量导向、系统防治，科学管控、精准施治，大力调整产业结构、能源结构、运输结构和用地结构，空气质量得到明显改善。2021 年全省 PM2.5 平均浓度 31.8 微克每立方米，较 2018—2020 年三年均值

下降 4.5%；重点城市 PM2.5 平均浓度为 35.9 微克每立方米，较三年均值下降 5.3%；全省优良天数率为 89.5%，较三年均值上升 0.1 个百分点；重点城市优良天数率为 86.2%，较三年均值上升 0.3 个百分点。

碧水保卫战明显突破。 党的十八大以来，四川坚决把水污染防治作为打好污染防治攻坚战的重要战役，大力实施"清船""清网""清江""清湖"行动，推进长江、黄河流域水生态环境综合治理，对城乡污水处理设施、省级及以上工业园区污水处理设施开展专项检查，水生态环境质量明显改善。2021 年，全省地表水水质总体优，343 个地表水监测断面中，Ⅰ~Ⅲ类水质断面 325 个，占 94.8%；Ⅳ类水质断面 18 个，占 5.2%；无Ⅴ类、劣Ⅴ类水质断面。十三大流域中，长江（金沙江）、雅砻江、安宁河、赤水河、岷江、大渡河、青衣江、嘉陵江、涪江、渠江、黄河流域水质总体均为优，沱江、琼江水质总体良好。

土壤污染防治扎实开展。 全面实施土壤污染防治行动计划，投入资金 20 亿元，完成土壤修复治理 4.4 万余亩。开展全省重点行业企业用地土壤污染状况调查，排查工业企业 10 704 家、信息采集地块 5 330 个、采样调查地块 801 个、工业园区 40 个，获取数据近 60 万个。完成 925 家土壤重点监管单位隐患排查、自行监测和监督性监测；持续开展涉镉等重金属行业企业排查整治，排查重点区域 492 个、企业 1 000 余家，整治企业 223 家；建立全省风险源管控清单，并实施动态调整。在全国率先开展长江黄河上游土壤风险管控区建设，启动 15 个分区管控试点区建设。2021 年全省土地胁迫指数为 83.2，与 2017 年相比下降 0.8 个百分点。

（三）突出转方式调结构促转型，有效激发绿色发展动能

产业结构持续调整。 加快培育五大支柱产业和数字经济"5+1"现代化产业体系，持续推动产业结构战略性调整。2021 年全省三次产业对经济增长的贡献率分别为 9.8%、33.0% 和 57.2%，三次产业结构由上年的 11.5∶36.1∶52.4 调整为 10.5∶37.0∶52.5，"三二一"型产业结构进一步巩固。

减排力度不断加大。 制定工业领域和钢铁、有色金属、化工、建材等重点行业碳达峰实施方案，推进城乡建设绿色低碳发展，开展城市有机更新，推动海绵城市、"无废城市"建设。2021 年，四川全省单位 GDP 能耗在"十三五"累计下降 17.44% 的基础上继续下降 1.6%，单位 GDP 二氧化碳排放持续下降。

绿色产业加快壮大。 四川省坚定不移走生态优先、绿色低碳的高质量发展道路，将节能环保产业纳入现代化产业体系重点培育，出台"绿色低碳优势产业 18 条"，充分发挥清洁能源资源优势和产业发展基础优势，推动清洁能

源、动力电池、晶硅光伏、钒钛、存储等产业持续壮大。2021年年末，四川水力发电装机容量达到8 947.0万千瓦，较2016年年末增长26.1%，规上企业水力发电量3 531.4亿千瓦时，增长29.7%，装机容量和年发电量均稳居全国第1位。全球晶硅光伏领域头部企业中有5家落户四川，全省多晶硅产量则约占全国产量的13%。

（四）加强自然生态保护修复，生态安全屏障更加牢固

生态修复不断深入。 在全国率先建立省、市、县三级国土空间生态修复规划体系，联合重庆市编制完成长江、嘉陵江等"六江"生态廊道建设规划。启动历史遗留矿山生态修复三年行动计划，推进长江干支流沿岸10~50千米、黄河流域、青藏高原等重点区域历史遗留矿山生态修复项目。积极谋划若尔盖草原湿地山水林田湖草沙一体化保护和修复工程，完成广安华蓥山区山水林田湖草生态保护修复国家工程试点，全面启动41个国家和省级乡镇全域土地综合整治试点。2021年，56个开展生态环境动态变化评价的国家重点生态功能区县域中，生态环境"轻微变好"的县域占1.8%，"基本稳定"的县域占98.2%，无变差的县域。

国土绿化持续推进。 自2016年以来，四川持续开展大规模绿化全川行动，不断消除荒山荒坡，增加公共绿地，修复脆弱生态，筑牢生态屏障。2021年，全省完成营造林607.5万亩；森林覆盖率达40.23%，较2020年提升0.2个百分点；森林蓄积量达19.34亿立方米，较2020增长1 800万立方米；草原综合植被盖度达85.9%，较2020年提升0.1个百分点；全省城市建成区绿地率37.41%、绿化覆盖率42.51%、人均公园绿地面积14.44平方米，分别较2020年增长0.50个百分点、0.66个百分点和0.41平方米，美丽四川本底更加厚实。

三、推进四川生态文明建设再上新台阶

四川省全面贯彻落实习近平总书记有关重要讲话精神，坚定践行生态优先、绿色发展观，进一步树牢上游意识、强化责任担当，加强流域生态保护，推进四川生态文明建设再上新台阶。

（一）加快推动发展方式绿色低碳转型

建立健全绿色低碳循环发展经济体系，走出一条服务国家战略全局、支撑四川未来发展的绿色低碳转型之路。第一，要坚持减污降碳协同增效，着眼源头治理，进一步调整产业结构、能源结构和运输结构。第二，要严格项目节能审查，坚决遏制"两高"项目盲目发展。第三，要加强先进绿色低碳技术研

发应用，强化绿色低碳转型的科技支撑，加快把四川建设成为全国重要的先进绿色低碳技术创新策源地。第四，要做优做强清洁能源产业、发展壮大清洁能源支撑产业、加快发展清洁能源应用产业。

（二）更加深入打好污染防治攻坚战

要坚持精准治污、科学治污、依法治污，以更高标准打好污染防治攻坚战。第一，要坚持源头治理、综合施策，深化工业源、移动源、面源治理，协同治理 PM2.5 和臭氧污染，强化多污染物协同控制和区域协同治理，还老百姓更多"蓝天白云、繁星闪烁"。第二，要巩固提升水环境质量，严格落实长江"十年禁渔"要求，深入实施工业企业污水处理设施升级改造，全面实现工业废水达标排放，以岷江、沱江、嘉陵江等流域为重点，实施沿线河湖岸线修复、滨岸缓冲带生态修复、河口湿地修复、河湖水域生态修复等水生态保护修复工程，减轻人类生产活动和自然过程对湖泊（河流）干扰，恢复河湖生态系统结构和功能。第三，要进一步摸清土壤污染源分布情况，强化重点区域、行业和污染物源头预防，切断污染物进入土壤途径，以保护和改善土壤环境质量为核心，落实农用地分类管理要求，加强对土壤资源的保护。

（三）持续加大生态环境保护修复力度

生态环境安全是国家安全的重要组成部分，是经济社会持续健康发展的重要保障。第一，要强化生态环境空间分区管控，构建国土空间开发保护新格局，形成安全高效的生产空间、安逸宜居的生活空间、青山绿水的生态空间。第二，要合理规划布局重点产业，将资源环境承载力、环境风险可接受度等作为各产业规划布局的约束性条件。第三，禁止在长江干支流岸线一千米范围内新建、扩建化工园区和化工项目。第四，要统筹山水林田湖草沙冰系统治理，实施水土保持、地灾治理、矿山修复等重点生态工程，科学开展国土绿化，稳固"四区八带多点"生态安全格局。第五，要高质量建设大熊猫国家公园，加快创建若尔盖国家公园，持续提升生态系统质量，确保生态环境总体安全。

（四）全力构建现代环境治理体系

生态环境治理体系是国家治理体系和治理能力现代化建设的重要内容，也是生态环境保护工作推进的基础支撑。第一，要深化生态文明体制改革，健全党委领导、政府主导、企业主体、社会组织和公众共同参与的现代环境治理体系。第二，要探索生态产品价值实现机制，建立完善生态补偿制度。推进跨区域跨流域生态环境保护协同立法和联合执法。第三，要持续抓好中央生态环境保护督察反馈问题整改，完善省级生态环境保护督察制度和监测网络体系。第四，全面落实生态环境保护责任，促进资源永续利用、生态环境不断改善。

参考文献

［1］中共中央文献研究室. 习近平关于社会主义生态文明建设论述摘编 ［M］. 北京：中央文献出版社，2017.

［2］习近平. 决胜全面建成小康社会夺取新时代中国特色社会主义伟大胜利：在中国共产党第十九次全国代表大会上的报告 ［M］. 北京：人民出版社，2017.

［3］习近平在全国生态环境保护大会上强调：坚决打好污染防治攻坚战 推动生态文明建设迈上新台阶 ［N］. 人民日报，2018-05-20（1）.

［4］马克思，恩格斯. 马克思恩格斯文集：第5卷 ［M］. 中共中央马克思、恩格斯、列宁、斯大林著作编译局，编译. 北京：人民出版社，2009.

［5］习近平. 之江新语 ［M］. 杭州：浙江人民出版社，2007.

［6］生态环境部. 奋力谱写新时代生态文明建设新华章 ［J］. 求是，2022（11）：23-28.

作者简介

孙继琼，女，中共四川省委党校（四川行政学院）经济学教研部副教授，博士，硕士生导师，四川省学术和技术带头人后备人选。

四川涉藏地区走高质量发展道路的实践

落实"从治国、安边、稳藏内在关系上把握四川涉藏地区同全省全国大局的内在联系"等重要要求，推动民族地区团结进步、繁荣发展和长治久安，巩固实现稳藏安康的战略要地。

——《高举习近平新时代中国特色社会主义思想伟大旗帜 团结奋进全面建设社会主义现代化四川新征程——在中国共产党四川省第十二次代表大会上的报告》

四川是全国第二大藏族聚居区，自古以来处于全国重要战略地位，做好四川涉藏地区工作，关系到全省经济高质量发展和社会和谐稳定乃至全国大局。我们要从治国、安边、稳藏内在关系上把握四川涉藏地区同全省全国大局的内在联系，推动民族地区团结进步、繁荣发展和长治久安，巩固实现稳藏安康的战略要地[1]，为全面建成富强民主文明和谐美丽的社会主义现代化强国贡献四川涉藏地区力量。

一、准确把握治国、安边、稳藏内在关系

准确把握治国、安边、稳藏内在关系要充分认识四川涉藏地区在党和国家工作大局中的特殊重要性，要充分认识四川涉藏地区民族团结、社会稳定对国家统一、国家安全的重大意义，要正确处理稳定、发展、生态三者关系。四川涉藏地区工作的"牛鼻子"是维护祖国统一、加强民族团结，有利于推动实现社会局势持续稳定、长期稳定、全面稳定。要充分认识稳藏安康是党中央交给四川涉藏地区最重要的政治任务，确保社会稳定和谐是四川涉藏地区最重要的政治责任，要保持战略定力，增强忧患意识，发扬斗争精神，特别要在筑牢维护国家生态安全的战略屏障、巩固实现稳藏安康的战略要地中积极作为，加快推动四川涉藏地区长治久安和高质量发展。

（一）准确把握治国、安边、稳藏内在关系，首要是扛起长江黄河上游生态保护政治责任

习近平总书记指出，黄河上游要以三江源、祁连山、甘南黄河上游水源涵养区等为重点，推进实施一批重大生态保护修复和建设工程，提升水源涵养能力[2]。四川涉藏地区是长江黄河上游重要的生态屏障区和重点水源地，亟须"像保护眼睛一样保护生态环境"，切实肩负起全面筑实牢固长江黄河上游天然生态屏障这一重大历史责任。四川省第十二次党代会明确了有力有序推进碳达峰碳中和、推动生态环境保护修复、建立健全现代环境治理体系等系统部署，反映了四川省委的系统思维和全局视角，更是符合"人与自然是生命共同体"理念的科学布局，同时为四川涉藏地区扛起长江黄河上游生态保护责任明确了方向。

（二）准确把握治国、安边、稳藏内在关系，关键是铸牢中华民族共同体意识

习近平总书记指出："各族干部要全面理解和贯彻党的民族理论和民族政策，自觉从党和国家工作大局、从中华民族整体利益的高度想问题、作决策、抓工作，只要是有利于铸牢中华民族共同体意识的工作就要多做，并且要做深做细做实；只要是不利于铸牢中华民族共同体意识的事情坚决不做。"[3]要进一步铸牢中华民族共同体意识，增强伟大祖国认同，旗帜鲜明地维护祖国尊严、国家利益，坚决同一切分裂行为作斗争；要增强中华民族认同，在政治上团结统一、经济上相依共存、文化上兼容并蓄，构建命运共同体；要增强中华民族文化认同，深入汲取中华优秀传统文化的思想精华和道德精髓，深化藏羌彝民族文化研究阐释和创造性转化；要增强中国共产党认同，必须坚持和加强党的领导，建设党的伟大工程，团结带领人民进行伟大斗争、推进伟大事业、实现伟大梦想；要增强中国特色社会主义认同，在习近平新时代中国特色社会主义思想指引下，毫不动摇坚持和发展中国特色社会主义。铸牢中华民族共同体意识更是深入推进新时代党领导下的民族工作的重心，我们的一切工作都要向此聚焦。

（三）准确把握治国、安边、稳藏内在关系，重点是实现涉藏地区高质量发展

发展生产才能切实满足四川涉藏族地区人民长期以来对美好生活的热切向往。四川省第十二次党代会报告提出"朝着共同富裕目标持续增进民生福祉"，明确在共同富裕道路上，要更加注重民族地区等地的高质量发展，加大政策支持和帮扶力度，努力缩小区域差距、城乡差距和收入差距。我们要从讲

政治的高度抓好落实，持续坚定走生态优先、绿色发展的道路，不断发展壮大特色优势产业，增进民生福祉，为民族地区经济社会发展提供坚实支撑。

二、四川涉藏地区取得的历史性成就

四川涉藏地区走过一段极不平凡、艰辛奋斗的历程。面对百年未有之大变局，在党中央、省委的坚强领导和关怀关心下，四川涉藏地区保持忠诚之本、勇担稳定之责、破解发展之难、力克贫困之坚，各项事业取得全方位历史性成就。

（一）核心意识更加坚定自觉

四川涉藏地区始终把政治建设摆在首位，坚决拥护"两个确立"、坚定践行"两个维护"，把对党绝对忠诚铭记于心、践之于行。全面推动四川涉藏地区长治久安和高质量发展，充分彰显了习近平新时代中国特色社会主义思想的强大真理力量、思想力量、实践力量。四川涉藏地区党委总揽全局、协调统筹利益格局，人大坚持全面为民依法规范公正有效履行职责，政府坚持认真尽责狠抓经济社会各项改革任务推动落实，政协积极努力为民履职建言和出力与献策，统一战线特色优势不断发挥，群团组织活力蓬勃迸发。中央和省委巡视、督导反馈意见得到有效落实。

（二）小康社会全面建成

紧紧围绕"两不愁三保障"工作，用好国家"三区三州"相关政策，坚持四级书记一起抓、全民动员一起干，举四川涉藏地区之力攻克深度贫困堡垒。甘孜18个贫困县（市）、1 360个贫困村、22.55万贫困人口全部脱贫摘帽，11.3万户群众搬进安居房、49.3万人喝上放心水。"阿坝脱贫经验"入选全球减贫案例和博鳌论坛亚洲减贫报告。四川涉藏地区兑现了"小康路上不落下一个民族、不落下一村一户一人"的庄严承诺，脱贫群众发自内心感激共产党。全域旅游井喷式增长，现代新型高原特色农牧业基地加快规模化发展，清洁新型能源产业建设持续有序稳步推进，民营经济实现持续高速健康协调发展。做好乡村两项改革及"后半篇"文章、国企改组、"放管服"等重点领域和关键环节改革。四川涉藏地区正加快融入全省产业链供应链消费链大循环新格局。基础设施配套日新月异，城乡面貌明显改善。美丽乡村规划建设总体开局效果良好，农村人居环境大整治大行动继续深入实施。

（三）民生工程不断深化

四川涉藏地区牢固树立以人民为中心的发展思想，人民群众获得感幸福感指数持续攀升。教育事业均衡稳定发展，十五年免费义务教育全面推行，控辍保学成效显著。卫生科学文化事业实现了长足进步，州县乡村四级公共基层医疗服务中心及各类科技卫生服务综合体系网络功能不断发展增强与完善[4]。社会保障体系更加完善。森林草原防灭火安全体系进一步健全。金沙江白格堰塞湖滑坡、丹巴"617"山洪泥石流灾后恢复及重建正加快推进。常态化做好新型冠状病毒感染疫情应急防控，有力保障人民生命健康安全。跨区域劳务扶贫协作交流持续得到深化。

（四）生态功能进一步发挥

四川涉藏地区全域实施河（湖）长制、林（草）长制，打响长江流域十年禁渔攻坚战。污染防治"八大战役"取得阶段性成效，水土流失、沙化土地、退化草地得到有效治理。生态文明建设机制逐步健全，甘孜州石渠县长沙贡玛国家级自然保护区列入国际重要湿地，稻城县、泸定县创建国家"两山"实践创新基地，生态优先、绿色发展理念成为全民共识和自觉行动。红色文化资源管理保护利用机制进一步扎实规范。大力传承发展、利用开发红色文化资源，培育弘扬传承红色基因、赓续传承红色血脉、弘扬红色文化。

（五）社会大局持续和谐稳定

四川涉藏地区各族群众中华民族共同体意识进一步增强。坚持藏传佛教中国化方向，稳步推进"一寺一策"依法规范管理，积极引导宗教与社会主义社会相适应，宗教领域持续和睦和顺。深入推进全面依法行政，深入开展扫黑除恶专项斗争，扎实推进政法队伍教育整顿，牢牢把握意识形态工作领导权主导权，大力实施"润育工程"，厚植厚培文化文明。全面深刻贯彻坚持人民安危至上、生命利益至上工作理念，持续着力深化国家安全系统风险源头防控，安全发展形势运行更加持续平稳。坚持多谋长远之策、行固本之举，积极引导构建人人办事有责、人人参与尽责、人人公平享有权利的基层公共治理责任共同体，四川涉藏地区呈现和谐共生互助、安定祥和有序发展的新局面。

三、巩固实现稳藏安康的战略要地

四川省第十二次党代会指出，抓发展是第一要务，必须突出高质量发展这一主题，把新发展理念贯彻到经济社会发展全过程和各领域，促进质量变革、效率变革、动力变革，保持经济质的稳步提升和量的合理增长，努力在建设现代化经济强省上迈出更大步伐。四川涉藏地区也将在高质量发展的道路上努力奋进。

（一）筑牢长江黄河上游生态屏障，守护好这一江清水

继续紧抓重点自然资源功能区保护，落实好国家生态功能分类保护"三

线一单"（划定政策红线、环境质量底线、资源利用上线，建立生态环境准入清单）管控机制，守住永久基本农田、生态保护红线、城镇开发边界"三条控制线"[5]。抓实长江黄河上游生态治理，加强石渠县长沙贡玛"中国最美高原湿地"、理塘海子山湿地等的修复，深入打好污染防治攻坚战，提升生态系统质量。扎实做好长江黄河源头河流污染流域生态污染防治工作，提升湿地生态系统总体质量。坚决抓好中央和省生态环境保护督察反馈问题整改，开展全域无垃圾、农村人居环境整治提升、厕所革命"三大行动"，确保生态环境考核指标持续达标。坚持深抓规划建设，推进绿色节能和光伏、水电、锂电等新型清洁能源发展，走出一条服务全国全省战略全局、支撑四川涉藏地区未来发展的绿色低碳之路。

（二）推动民族地区团结进步，巩固实现稳藏安康的战略要地

紧扣铸牢中华民族共同体意识的主线，大力弘扬社会主义核心价值观，突出各民族共有共享的中华文化符号和形象，加强重点文物和各民族优秀文化的保护利用，构筑各民族共有精神家园。主动融入全省经济文化体系，拓展群众就业创业、产业发展等空间平台，建好石榴籽家园基层服务平台，全面推广普及国家通用语言文字，构建互嵌式社会结构，促进各民族交往交流交融。创新开展以城镇社区和农牧民家庭为主体的"民族团结进家庭"实践行动，加强家庭家教家风建设，探索建立石榴籽工作中心、工作室、工作队，确保实践行动有形有感有效。

（三）继续努力做好高质量发展这篇大文章

着力构建高质量发展格局。建立统一的国土空间规划体系，为经济社会发展和新型城镇化预留空间。支持县域经济平稳快速有序发展，鼓励进一步努力打破县域地区行政壁垒、拓展区域经济边界，在重大优势产业区域开发集聚培育、园区体系平台建设、招商引资政策推介对接三个重要功能上进一步积极探索协同发展模式。谋划建设川藏铁路经济带，抢抓川藏铁路建设重大机遇，合理布局产业基地、物流园区、商贸网点、公共服务设施和应急物资储备基地，引导各类要素向铁路沿线聚集，提升城镇、产业能级，培育新的经济增长点。发展壮大市场主体，始终坚持"两个毫不动摇"，深化国企改革三年行动，支持民营企业健康发展，进一步激发市场活力和社会创造力。

坚持把全域旅游作为四川涉藏地区高质量发展的重要引擎，加快打造国际生态文化旅游目的地。狠抓旅游品牌建设，统筹稻城亚丁、天文公园、皮洛遗址资源，打造世界级自然生态历史科技文化旅游集群。加快旅游业态发展，坚持文化赋魂、产业筑基，大力发展定制旅游、研学旅游、红色旅游等新业态，

积极培育康养医护、生态观光、休闲度假、山地运动、文化体验等新产品，打造具有四川涉藏地区特色的旅游产品体系。提升旅游服务水平，深化旅游环线建设，推动航旅铁旅一体化发展，加强高原供氧、旅游厕所、旅游综合服务体建设。

构建现代农牧业产业体系，持续打造现代高原特色农牧业基地。加快培育现代农业产业带，推进产业布局区域化社会化，园区建设集约化规模化，发展方式资本化市场化，农畜产品品牌化绿色化，大力推进绿色有机农产品登记认证和地理标志保护。大力发展现代设施农业。着力培育现代农业新业态，深化"农业+"，打造田园观光、休闲度假、农牧体验、民俗风情、乡村研学、生物摄影等农林牧旅融合基地。牢牢守住耕地红线，保持粮食播面稳定，稳步提升粮食产量。加强农产品质量和食品安全监管，确保人民群众舌尖上的安全。

充分发挥资源优势，全力打造国家重要清洁能源基地。加强水风光清洁能源综合开发利用，推进光伏资源基地化规模化集约化开发。积极服务国家新能源发展战略，科学有序推进锂矿高效综合利用，建设绿色锂矿基地，以"飞地园区"为载体，布局发展锂电新能源产业集群。完善生产性和生活性服务业平台体系，充分发挥服务业对扩大就业、拉动内需、畅通"双循环"的重要作用。

四川涉藏地区要深刻领会习近平新时代中国特色社会主义思想和习近平总书记对四川工作系列重要指示精神，按照四川省委"讲政治、抓发展、惠民生、保安全"的工作总思路，始终坚持铸牢中华民族共同体意识，积极推进创新驱动、品牌引领、全域开放、数字赋能，全面实施依法治州、生态立州、乡村振兴、交通先行、产业富民战略，坚持以立足资源禀赋为发展条件、以实现共同富裕为发展目的、以生态保护第一为发展前提、以融入全省格局为发展方向、以增强创新驱动为发展动力、以确保安全稳定为发展保障，推动四川省第十二次党代会精神在四川涉藏地区见行见效，以优异成绩迎接党的二十大胜利召开。

参考文献

[1] 王晓晖. 高举习近平新时代中国特色社会主义思想伟大旗帜 团结奋进全面建设社会主义现代化四川新征程：在中国共产党四川省第十二次代表大会上的报告（2022 年 5 月 27 日）[N]. 四川日报，2022-06-06.

[2] 习近平在黄河流域生态保护和高质量发展座谈会上的讲话（2019 年 9 月 18 日）[EB/OL].（2019–10–15）[2022–06–10]. http://www.gov.cn/

xinwen/2019-10/15/content_5440023. htm.

[3] 习近平总书记在参加十三届全国人大五次会议内蒙古代表团审议时发表的讲话（2022 年 3 月 5 日）［EB/OL］.［2022-06-10］.npc. gov. cn/npc/kgkb/202203/3fcdda35f1584614a77d71e6e5f3f939. shtml.

[4] 坚定铸牢中华民族共同体意识 奋力建设团结富裕和谐美丽社会主义现代化新甘孜：在中国共产党甘孜藏族自治州第十二次代表大会上的报告（2021 年 12 月 27 日）［N］. 甘孜日报，2022-01-04（1）.

[5] 牢记初心使命 坚定落实创新为高质量建成"一州两区三家园"而努力奋斗：刘坪在中国共产党阿坝州第十二次代表大会上的报告（摘登）（2021 年 12 月 28 日）［N］. 阿坝日报，2021-12-29（4）.

[6] 巩固实现稳藏安康的战略要地（2022 年 6 月 13 日川观新闻）［EB/OL］.［2022-06-10］. baijiahao. baida. com/soid=17354841933584479018&wfr=spide&for=pc.

作者简介

张元黎，女，中共甘孜藏族自治州委党校（甘孜行政学院）政治理论教研室副主任，高级讲师。

加强党的政治建设的实践推进

习近平总书记针对四川政治生态一度遭到严重破坏的问题，要求把党的政治建设摆在突出位置，全面加强和规范党内政治生活；强调要涵养积极健康的党内政治文化，激浊扬清、扶正祛邪，彻底肃清周永康恶劣影响，营造风清气正的良好政治生态。

——《高举习近平新时代中国特色社会主义思想伟大旗帜 团结奋进全面建设社会主义现代化四川新征程——在中国共产党四川省第十二次代表大会上的报告》

党的十九大报告提出了新时代党的建设总要求，深刻回答了"长期执政条件下建设一个什么样的党、怎样建设党"这一重大时代课题，对于深入推进党的建设新的伟大工程具有纲领性作用。习近平总书记多次对四川党的建设作出重要指示，要求把党的政治建设摆在突出位置，为做好新时代党的建设工作提供了方向指引和根本遵循。我们要深入学习贯彻习近平总书记关于党的建设的重要论述，突出抓好党的政治建设这个根本性建设，坚定不移推进党的建设新的伟大工程，为推动新时代治蜀兴川再上新台阶提供坚强政治保证。

一、党的建设是新时代治蜀兴川的根本保证

一部中国共产党的发展史，就是一部党不断加强自身建设、发展壮大的历史。党和人民事业发展到什么阶段，党的建设就要推进到什么阶段。党的十八大以来，四川各项事业之所以取得新的进展，关键就在于始终保持坚强政治定力，全面贯彻新时代党的建设总要求，抓好党的政治建设这一根本性建设，坚持和加强党的政治领导，为推动四川改革发展提供了坚强的政治保证。

（一）全面贯彻新时代党的建设总要求

新时代党的建设总要求以坚持和加强党的全面领导为目的，以坚持党要管党、全面从严治党为指导方针，以加强党的长期执政能力建设、先进性和纯洁性建设为主线，形成"全面推进党的政治建设、思想建设、组织建设、作风

建设、纪律建设，把制度建设贯穿其中，深入推进反腐败斗争"的"5+2"总体布局，并将"始终走在时代前列、人民衷心拥护、勇于自我革命、经得起各种风浪考验、朝气蓬勃的马克思主义执政党"作为最终建设目标。

新时代党的建设总要求立足于我国发展新的历史方位和我们党新的历史使命，进一步丰富和发展了马克思主义建党学说，不仅是我们党在新时代推进党的建设新的伟大工程的顶层设计，也开辟了全面从严治党实践的新境界，标志着我们党对执政党建设规律的认识达到了新的高度。全面贯彻落实新时代党的建设总要求和重点任务，要抓好党的政治建设这一根本性建设，坚决贯彻落实用习近平新时代中国特色社会主义思想武装全党这一根本任务，统筹推进新时代党的各方面建设，把从严从实精神贯彻新时代党的建设全过程[1]。

（二）党的政治建设是党的根本性建设

旗帜鲜明讲政治是我们党作为马克思主义政党的根本要求。习近平总书记指出："政治方向是党生存发展第一位的问题，事关党的前途命运和事业兴衰成败。"[2]政治属性是政党的第一属性，政治建设是政党建设的内在要求。党的政治建设是马克思主义政党的鲜明特征和政治优势，是党的根本性建设，决定党的建设方向和效果，事关统揽推进伟大斗争、伟大工程、伟大事业、伟大梦想。

壹引其纲，万目皆张。党的十九大明确提出党的政治建设这个重大命题，强调要把党的政治建设摆在首位，以党的政治建设为统领推进新时代党的建设。加强党的政治建设，目的是坚定政治信仰，强化政治领导，提高政治能力，净化政治生态，实现全党团结统一、行动一致。要突显党的政治建设的根本性地位，聚焦党的政治属性、政治使命、政治目标、政治追求持续发力[3]。党的政治建设是一个永恒课题，从政治上建设党是我们党不断发展壮大、从胜利走向胜利的重要保证。

（三）必须坚持和加强党的政治领导

党是最高政治领导力量。党的领导是中国特色社会主义最本质的特征，是中国特色社会主义制度的最大优势。习近平总书记指出："党的政治建设的首要任务，就是保证全党服从中央，坚持党中央权威和集中统一领导，绝不能有丝毫含糊和动摇，必须常抓不懈。"[4]无产阶级政党发展的历史充分说明，维护党的中央领导集体的权威和维护党的领袖的核心地位，是无产阶级政党加强自身建设，实现党内高度团结和统一，最终实现革命胜利的有力保证。把党的政治建设作为党的根本性建设，必须坚持党的政治领导。

坚持党的政治领导是坚持和加强党的全面领导的重要体现。事在四方，要在中央。党中央是大脑和中枢，必须有定于一尊、一锤定音的权威。坚持和加强党的全面领导，最重要的是坚决维护党中央权威和集中统一领导。坚决维护党中央权威和集中统一领导，最关键的是坚决维护习近平总书记党中央的核心、全党的核心地位。因此，坚持党的政治领导，坚决做到"两个维护"，是党的政治建设的首要任务，是全党必须遵守的政治纪律和政治规矩。

二、着力加强党的政治建设

2018 年春节前夕，习近平总书记在川视察期间明确提出"五个着力"重要任务，其中之一就是"着力加强党的政治建设"。四川坚定以习近平新时代中国特色社会主义思想为指导，全面贯彻落实新时代党的建设总要求，始终把党的政治建设摆在突出位置，坚持思想建党和制度治党同向发力，坚持践行新时代党的组织路线和好干部标准，涵养积极健康的党内政治文化，大力营造风清气正的政治生态，凝聚起推动治蜀兴川再上新台阶的强大力量。

（一）把党的政治建设摆在突出位置

党的政治建设是党的根本性建设，要把准政治方向，坚持党的政治领导，夯实政治根基，涵养政治生态，防范政治风险，永葆政治本色，提高政治能力，为我们党不断发展壮大、从胜利走向胜利提供重要保证[5]。四川坚决贯彻习近平总书记重要讲话精神和党中央决策部署，始终把党的政治建设摆在突出位置，增强"四个意识"，坚定"四个自信"，做到"两个维护"，筑牢信仰之基、补足精神之钙、把稳思想之舵，决不让损害党中央权威和集中统一领导的现象在四川有任何市场。

从党委（党组）会议到中心组学习会，从"三会一课"到主题党日活动，四川全省各地各部门坚定自觉用习近平新时代中国特色社会主义思想武装头脑、指导实践、推动工作。同时，以全省市厅级主要领导干部读书班为开端，四川在全省深入开展"大学习、大讨论、大调研"活动，以上率下层层推动，学习蔚然成风、落实身体力行。确保党中央决策部署和习近平总书记对四川工作系列重要指示精神不折不扣落地落实，以治蜀兴川实际成效践行"两个维护"。

（二）涵养积极健康的党内政治文化

中国共产党长期革命和建设的实践揭示，文化润泽心灵、滋养精神、引领风尚，一个政党的兴旺发达，离不开先进政治文化的支撑。正所谓蓬生麻中，不扶而直；白沙在涅，与之俱黑。政治文化是政治生活的灵魂，对政治生态具有潜移默化的影响，也是成就一个百年大党风华正茂的基因密码。四川坚持发展积极健康的党内政治文化，建立健全民主生活会列席指导、及时叫停、责令重开、整改通报等制度，持续开展庸俗腐朽政治文化专项整治，深入开展"传家风、立家规、树新风"活动，实现正气充盈、政治清明。

发展积极健康的党内政治文化，形成良好的政治生态，离不开正确的选人用人导向。习近平总书记强调："领导干部要讲政德，政德是整个社会道德建设的风向标。立政德，就要明大德、守公德、严私德。"[6]四川持续深入加强政德建设，涵养积极健康的党内政治文化，坚决反对"袍哥"文化、圈子文化、码头文化，建立领导干部政德考核考察机制，引导党员干部明大德、守公德、严私德，培育良好家风，时刻保持共产党人政治本色。要持之以恒正风肃纪，大力整治形式主义、官僚主义问题，坚决纠正慵懒无为和不作为、乱作为、冷硬横推等行为[7]。

（三）营造风清气正的良好政治生态

2017年3月，习近平总书记在全国"两会"期间参加四川代表团审议时，提出了营造风清气正的政治生态等四项重点任务。加强党的政治建设要做好营造良好政治生态的基础性工作。政治生态良好，党内风气就正、人心就齐、干劲就足，各项事业就能蓬勃发展。反之，政治生态污浊、党内生活不健康，就会弊病丛生。

针对政治生态遭受严重污染的问题，四川举一反三、引以为戒，扎实开展"以案促改"工作，健全制度，坚决整治选人用人不正之风，始终保持惩贪治腐高压态势，全面清除政治生态"污染源"，全力营造风清气正政治生态和良好发展环境。

三、以自我革命精神纵深推进全面从严治党

全面建设社会主义现代化四川，关键在党、关键在人。这既是深刻总结治蜀兴川实践成就得出的宝贵经验，也是面向未来开创四川发展新局面的根本保证。四川要坚持和加强党的全面领导，认真落实新时代党的建设总要求，坚持以党的政治建设为统领，全面加强党的基层组织体系建设，坚决打好反腐败斗争攻坚战持久战，以自我革命精神纵深推动全面从严治党，为推动新时代治蜀兴川再上新台阶提供坚强政治保证。

（一）坚持以党的政治建设为统领

习近平总书记强调："伟大斗争，伟大工程，伟大事业，伟大梦想，紧密联系、相互贯通、相互作用，其中起决定性作用的是党的建设新的伟大工程。"[8]针对四川政治生态一度遭到严重破坏的问题，习近平总书记要求把党的政治建设摆在突出位置。四川始终牢记习近平总书记嘱托，坚持以党的政治建设为统领，深刻领会"两个确立"的决定性意义，开展践行"两个维护"教育，健全落实"两个维护"机制，始终不渝忠诚核心、拥戴核心、紧跟核心、捍卫核心[9]。

同时，四川严格执行新形势下党内政治生活若干准则，坚持和完善民主集中制，认真落实重大事项请示报告制度。严守党的政治纪律和政治规矩，坚决防止"七个有之"，坚决做到"五个必须"。坚决查处对党不忠诚不老实、阳奉阴违的"两面人""两面派"，以坚强政治定力彻底肃清周永康流毒影响，进一步修复净化政治生态，营造良好发展环境。推进政治监督具体化常态化，深化政治巡视巡察全覆盖，强化整改落实和成果运用，做到全链条发力、全过程监督。

（二）全面加强党的基层组织体系建设

欲筑室者，先治其基。党的力量来自组织，党的全面领导、党的全部工作要靠党的坚强组织体系去实现。加强党的基层组织体系建设，既要健全组织体系，完善组织布局，又要突出政治功能，提高工作本领。2022 年 6 月习近平总书记在四川视察时指出，要把党的基层组织建设好，团结带领乡亲们脱贫之后接续推进乡村振兴。办好农村的事情，实现乡村振兴，基层党组织必须坚强，党员队伍必须过硬。同时，只有筑牢、建好党的基层组织，党和人民事业才能稳固发展。

四川坚持全面加强党的基层组织体系建设，统筹推进各领域基层党组织建设，抓好新业态新就业群体党建工作，有形有态推进党的组织和工作全覆盖。同时，加强基层党组织规范化建设，持续整顿软弱涣散基层党组织。开展百乡千村先锋培育行动，深化优秀农民工回引培养工程，加强社区专职工作者职业体系建设，选好管好基层党组织书记。深入推进抓党建促乡村振兴、促基层治理，增强基层党组织政治功能和组织力凝聚力。

（三）坚决打好反腐败斗争攻坚战持久战

党的十八大以来，四川始终坚持惩治腐败高压态势，让廉政勤政善政习惯蔚然成风。坚持无禁区、全覆盖、零容忍，坚持重遏制、强高压、长震慑，坚持"老虎""苍蝇"一起打、受贿行贿一起查。正风肃纪反腐是一场攻坚战持久战。四川始终保持严的主基调不放松，持续深化不敢腐、不能腐、不想腐一体推进，有案必查、有腐必惩，精准有力削减存量，千方百计遏制增量，巩固拓展反腐败斗争压倒性胜利，坚决打好反腐败斗争攻坚战持久战。

同时，四川坚持系统施治、标本兼治，做实以案促改，深化以案示警，推进以案促治，加强新时代廉洁文化建设。坚持预防在先、抓早抓小，精准运用"四种形态"，完善权力监督制度和执纪执法体系，突出加强对"关键少数"特别是"一把手"和领导班子的监督，确保公正用权、依法用权、廉洁用权。坚持"三个区分开来"，准确把握政策和策略，激励保护干部担当作为。

参考文献

[1] 全国党的建设研究会. 深刻认识和全面落实新时代党的建设总要求 [J]. 求是，2017（24）：14-17.

[2] 习近平. 增强推进党的政治建设的自觉性和坚定性 [J]. 求是，2019（14）：4-9.

[3] 中共中央关于加强党的政治建设的意见 [M]. 北京：人民·出版社，2019.

[4] 习近平. 总结党的历史经验，加强党的政治建设 [J]. 求是，2021（16）：4-12.

[5] 习近平在中共中央政治局第六次集体学习的讲话（2018年6月29日）.

[6] 习近平参加十三届全国人大一次会议重庆代表团审议时的讲话（2018年3月10日）.

[7] 中共四川省委关于深入学习贯彻习近平总书记对四川工作系列重要指示精神的决定 [N]. 四川日报，2018-07-02.

[8] 习近平. 决胜全面建成小康社会 夺取新时代中国特色社会主义伟大胜利：在中国共产党第十九次全国代表大会上的报告 [M]. 北京：人民出版社，2017.

[9] 王晓晖. 高举习近平新时代中国特色社会主义思想伟大旗帜 团结奋进全面建设社会主义现代化四川新征程：在中国共产党四川省第十二次代表大会上的报告（2022年5月27日）[N]. 四川日报，2022-6-6.

作者简介

王凯，男，中共四川省委党校（四川行政学院）党建教研部（四川省党的建设新型研究智库）讲师，博士。

下篇

新时代治蜀兴川的总体谋划

以成渝地区双城经济圈建设引领高水平区域协调发展

推动成渝地区双城经济圈建设，是以习近平同志为核心的党中央统筹"两个大局"作出的重大战略决策，是全面建设社会主义现代化四川的总牵引。我们要坚决扛起党中央赋予的战略使命，以更高站位和更实举措，强力推动国家战略实施全面提速、整体成势，确保年年有新变化、五年见大成效。

——《高举习近平新时代中国特色社会主义思想伟大旗帜 团结奋进全面建设社会主义现代化四川新征程——在中国共产党四川省第十二次代表大会上的报告》

成渝地区双城经济圈（以下简称"双城经济圈"）是习近平经济思想的重要战略呈现，是国家在西南地区建设国家高质量增长极、进而以西南带动西北、推动新时代西部大开发形成新格局的重要战略部署，对于新发展阶段上我国统筹黄河长江两大流域生态保护和高质量发展、构建南北经济全面联系机制、建设全面体现新发展理念的新发展格局，具有重大战略价值。

一、锚定目标定位，提升区域发展活力和国际影响力

"十四五"时期，川渝地区在国家区域协调发展战略中的重要性凸显，双城经济圈的提出，既是对长期以来川渝地区发展成就的充分肯定，也是提高全国经济发展整体性水平的针对性战略部署。把握双城经济圈的战略定位，有助于我们明确"十四五"时期双城经济圈的战略着力点和未来发展方向。

做实"一极"，紧扣重大生产力布局调整提高发展整体性水平。"统筹区域发展从来都是我国经济社会建设的一个重大问题。"[1]统筹的主要经验就在于重大生产力布局调整。重大生产力是指对国民经济和社会发展具有基础支撑性或发展引领性的重大产业、工程的系统集合体。重大生产力布局调整则是指在国家战略目标指导下重大产业和工程的区域整体性、前瞻性、指向性、主动

性统筹。推动重大生产力布局的区域调整是我国现代化道路进程中，适应不同发展阶段要求、形成发展合力的重要战略经验。新发展阶段上，双城经济圈之所以能够成为国家高质量发展的"一极"，就在于双城经济圈承接重大生产力布局的战略定位。结合双城经济圈的现实发展状况，做实"一极"，就是要把提升双城经济圈经济发展实力摆在首位。"大"是前提，要紧扣战略机遇拼经济，坚定不移做大经济总量，提升双城经济圈作为高质量增长极的系统重要性；"优"是根本，要紧跟战略要求搞建设，坚定不移走高质量发展道路，持续积蓄双城经济圈在我国西部地区的发展高地势能；"美"是关键，要发挥独特优势坚定不移持续推进生态文明建设，着力筑牢长江黄河上游生态屏障；"领"是要求，要落实增长极职能、坚定不移增强辐射引领带动作用，使双城经济圈成为长江、黄河上游地区经济建设的最大策动源区域。

提升区域发展活力，着力推进"双城"创新引领与"经济圈"协调发展的相互衔接。要推动双城经济圈"两中心、两地"功能性定位的落实，首先需要在推动创新发展和协调发展两个方面的相互衔接机制上做文章，以此为契机，全力提升双城经济圈发展活力。习近平总书记在长三角一体化发展座谈会上指出，"发展落差往往是发展空间"，要增强欠发达区域高质量发展动能。具体到双城经济圈，"双城"是发展的一端，"经济圈"中除开"双城"的其他地方是发展的另一端，如何将这两端之间的发展落差转变为发展空间，是双城经济圈走高质量发展道路必须破解的关键挑战。"双城"对经济圈的带动力，首先是创新动力。一方面，要注重科技创新活动在"双城"和其他有条件区域的相对聚集，形成协同溢出效应；另一方面要注重补齐经济圈走协调发展道路的短板，在区域之间、城乡之间、经济发展与社会建设之间，构建起相互联系的交通网络、能源网络、信息网络和承载这三张"网"的城镇网络，为"双城"科技创新活动的产业、社会扩散创造基础性条件。推动创新发展与协调发展的相互衔接，既要高度重视创新的核心性，也要充分认识创新活动在双城经济圈范围内首先实现产业扩散和社会扩散的重要战略价值，通过创新活动的深入开展支撑协调发展整体性水平的提高，以协调的高质量为创新提供更为广阔的市场和社会实现空间，两者不可偏废。

提升国际影响力，着力推进"双城"开放优势与"经济圈"产业优势培育的相互支撑。要推动双城经济圈"两中心、两地"功能性定位的落实，还要在构建内陆改革开放高地和现代化产业体系的相互支撑上下功夫，以此为保障，全面提升双城经济圈的国际影响力。"开放也是改革，以开放促改革、促发展，是我国发展不断取得新成就的重要法宝。"[2]站在开放的维度上看待双城经济圈，内陆的区域条件决定了开放活动必然会呈现点状聚集趋势。区域内大部分地区必然要通过市场联系、产业联系等不同的形式、渠道，充分利用口岸优势、制度优势、交通优势参与到开放活动中来。"双城"对"经济圈"的带动力，另一个重要的动力就是开放动力。聚焦开放优势，锁定重点方向，全面提升"双城"的制度开放、市场开放、要素开放水平，全面增强"双城"的开放功能，既是承接国家重大生产力布局的要求，也是双城经济圈探索内陆开放新路子的必然要求。以开放促改革、促发展，在双城经济圈内就表现为"经济圈"产业特色在"双城"开放带动进程中向产业优势转化的过程。开放优势与产业优势的培育，是双城经济圈国际影响力提升的两个关键性内容。

做优"一源"，着力融入"双循环"积极服务国家战略。双城经济圈的"一极"建设评价，既在于"两中心、两地"的功能性定位落实情况，更在于"一源"的实现程度。发挥双城经济圈"连接西南西北、沟通东亚与东南亚、南亚的独特优势"[3]，建设带动全国高质量发展的动力源，可以从以下三个方面来把握与推动：一是建设带动双城经济圈自身高质量发展的动力源。要实现这一目标，就要高度重视、着力构建重庆、成都两个都市经济圈对其他欠发达区域的带动机制与渠道。二是建设推动西部大开发形成新格局的动力源。推动西部大开发这一国家战略深入实施，在西部地区首次形成西南作为动力源、推动西南西北互动的新格局。要实现这一目标，就要高度重视提升双城经济圈经济量的合理扩大和质的有效提升。三是建设带动长江、黄河流域上游地区生态保护和高质量发展协同推进的动力源。要实现这一目标，就要以生态文明建设为双城经济圈建设的重要内容，全面实现绿色发展。

二、唱好"双城记"，突出区域整体性强化引领带动

在新发展阶段上，加快双城经济圈的建设，首先要做好重庆、成都两个都市经济圈的建设。做好都市圈建设工作，必须在协同上创新格局、在都市圈建设上创新结构，在经济空间拓展上创新气象。

推动"双城"协同，在关键领域形成"双城"优势互补、共谋发展新格局。"双城"协同是必然要求，就是要围绕共同责任，为承接国家重大生产力布局创造条件。《成渝地区双城经济圈建设规划纲要》（以下简称《规划》）从发展空间结构、现代基础设施网络、现代化产业体系、具有全国影响力的科技创新中心、具有巴蜀特色的国际消费目的地、长江上游生态屏障、内陆改革开放高地、城乡融合发展、公共服务共建共享九个方面对"双城"的共同责任进行规划和要求。"双城"协同，既要高度重视不折不扣落实《规划》要

求，也要高度重视营造协同氛围、夯实协同基础、构建常态化协同机制，在实践中把《规划》要求有效转化为协同行动；"双城"协同，既要应对现实问题形成对策推动合作落地落实，也要高度重视自身发展，以更高水平的发展来支撑更高水平的合作，在实践中把发展和协同有机联系起来；"双城"协同，既要注重按照"五位一体"总体布局要求在各个协同领域全面推进，也要注重发挥各自的独特优势实现重点领域的互补和突破，在实践中把重点突破和全面推进两种策略用好用活。

加快都市圈建设，在"双城"都市圈形成"带动型"经济聚合新结构。在各自的都市圈中实现"双城"带动作用的全方位实现，是双城经济圈空间拓展的首要内容。在成都都市圈，推动成都与德阳、眉山、资阳在充分发挥比较优势基础上实现生产力一体化布局，就是成都作为双城经济圈核心城市带动作用发挥的首要呈现。"基础设施同网、公共服务资源共享、政务事项通办、开放门户共建"[3]，是服务于生产力一体化布局的基础保障，其目标就在于在更大的经济空间中实现经济更高质量的聚合，为都市圈带动双城经济圈的发展创造条件。由此反观都市圈的经济发展，鉴于未来带动作用的发挥必须要注重培育三个方面的内容。一是针对更大经济圈空间中产业引领作用发挥的产业布局多维优化。所谓"多维"，是指产业的创新性、引导性、联系性和开放性等优化方向。二是针对都市圈内城市、城乡之间经济联系的立体化渠道和机制的新构建。所谓立体化，是指经济联系的多渠道、多元机制和常在性特征。三是针对都市圈内外产业链和供应链的"双链"协同构建新机制。都市圈产业链注重由中心区域向外延区域延展、进而由都市圈内向经济圈中重点区域延展，都市圈供应链注重向必须要素和产品集中地延伸，充分挖掘和发挥经济圈内生产要素的潜在价值。同时，注重产业链与供应链的连接与协同，以"双链"协同促进产业发展与经济安全。

推动市场竞合，在"经济圈"内形成"双城"竞相带动、共同拓展新经济空间的新气象。"双城"在带动各自都市圈的同时，也要在《规划》和市场的共同引导和支撑下，带动经济圈内其他区域走高质量发展道路，进而实现拓展经济发展新空间的目标。"双城"带动"经济圈"，既要做到建设跟上《规划》要求，按照《规划》的要求，聚焦作为重点目标的副中心城市、区域中心城市，聚焦协同要应对的重点问题，履行共同的辐射引领带动作用；也要做到发展尊重市场规律，在一些市场已经出现协同发展提速态势的区域，要更好发挥政府作用，因势利导推动经济区行政区适度分离、生态文明建设等关键领域改革，促进市场在资源配置中决定性作用的发挥。提高"双城"发展能级才能建好"都市圈",建好"都市圈"才能更好走高质量发展道路,这是双城经济圈战略的内在逻辑,在实践中要形成合力,以更为明确、具体的策略加以落实。

三、共建"经济圈",聚焦发展新格局助区域平衡

双城经济圈作为高质量发展重要增长极,其建设的持续推进将彻底改变我国西南地区整体面貌。双城经济圈的强势推进和高位跃升,是构建新发展格局的必然要求。唱好"双城记"的落脚点在于共建"经济圈",在于以双城经济圈内的协调发展推动更为广大的经济空间内的经济平衡性提升。

紧扣经济结构调整,在全国生产力布局重大调整中汇聚四川力量。当前,"经济发展的空间结构正在发生深刻变化","不平衡是普遍的,要在发展中促进相对平衡,这是区域协调发展的辩证法"[1]。要充分认识到,双城经济圈承接重大生产力布局的战略要求,是全国生产力布局调整的重要组成部分。其落地和落实,也要符合"多方面健全区域协调发展新机制"[1]的要求。双城经济圈作为四川"十四五"时期发展的重大战略牵引,就要做实推动新时代西部大开发形成新格局的战略枢纽、做优服务国家科技自立自强和保障产业链供应链安全的战略支撑、做牢保障国家重要初级产品供给的战略基地、做稳维护国家生态安全的战略屏障[4]。四川发展必须、必然服务国家发展战略、紧跟战略牵引,方能成为新经济枢纽、创新支撑、保障基地、生态屏障和治藏要地,才能为中国式现代化道路的铸就汇聚更大的四川力量。

紧扣关键领域改革,在全国统一大市场建设进程中贡献四川经验。"建设全国统一大市场是构建新发展格局的基础支撑和内在要求"[5]。规则统一、设施联通、市场统一、监管统一是全国统一大市场建设的关键要求。为此,要针对垄断、不正当竞争、地方保护和区域壁垒、制度性障碍等重点问题,推动制度改革和实施变革。统一市场是全国高质量增长极的内在要求。高质量增长极在区域内统一市场建设中的实践,必然会成为更大范围内统一市场建设的率先探索和示范。双城经济圈作为地处西部地区的国家高质量增长极,积极构建"双城"与"经济圈"紧密经济联系、推动毗邻地区经济一体化建设、推动基础设施建设、推进公共服务共建共享的全方位探索,都具有极强的现实针对性和实践参照性。要坚定不移按照国家战略的部署,把双城经济圈建设与全国统一大市场建设统筹起来,以双城经济圈建设来充分挖掘、释放和发挥统一大市场的潜在价值,以统一大市场的改革推进来提高双城经济经济圈建设成效,以丰富的市场建设实践来为经济内循环的培育与壮大贡献四川经验。

紧扣高质量发展，在新发展理念贯彻落实过程中展现四川担当。完整、准确、全面贯彻新发展理念是"十四五"时期推动双城经济圈建设全面提速、整体成势必须坚持的重大政治原则。新发展理念是一个整体。在推动双城经济圈建设进程中，要坚持党的全面领导，"提高政治判断力、政治领悟力、政治执行力"，"善于用政治眼光观察和分析经济社会问题"[6][7]，以系统观念推动新发展理念在双城经济圈建设中的落地落实。要站在中国特色社会主义道路的维度来认识和把握双城经济圈经济建设的战略。双城经济圈的经济建设服务于中国特色社会主义"五位一体"总体布局，双城经济圈的经济体制改革服从于"四个全面"战略布局。由此，双城经济圈的经济建设战略不仅重视中短期目标，更重视长期发展格局的培育，要聚焦区域内外生产力和生产关系的互动结构来谋划经济体制改革。推动双城经济圈的经济体制改革不是单兵突进，而是在顶层设计要求下全面推进成渝地区经济社会建设实践。双城经济圈的改革与发展不仅要追求经济效益，更要重视社会、生态、文化等综合效应，尤其要注重针对发展问题、突出矛盾，形成防范和化解重大风险挑战的体制机制。全面贯彻习近平经济思想、全面落实习近平总书记对四川工作重要指示精神是双城经济圈建设的根本指导。由此才能在高质量发展进程中全面体现新发展理念，推进新时代治蜀兴川再上新台阶，在社会主义现代化国家建设新征程中展现四川担当、谱写四川篇章。

参考文献

　　[1] 习近平. 推动形成优势互补高质量发展的区域经济布局 [J]. 求是，2019（24）：4-9.

　　[2] 中共中央宣传部. 将全面深化改革进行到底：关于新时代坚持和发展中国特色社会主义的根本动力 [M]//习近平新时代中国特色社会主义思想学习纲要. 北京：学习出版社，2019.

　　[3] 成渝地区双城经济圈建设规划纲要（2020年10月20日）.

　　[4] 王晓晖. 高举习近平新时代中国特色社会主义思想伟大旗帜 团结奋进全面建设社会主义现代化四川新征程：在中国共产党四川省第十二次代表大会上的报告（2022年5月27日）[N]. 四川日报，2022-6-6.

　　[5] 中共中央 国务院关于加快建设全国统一大市场的意见（2022年3月25日）.

　　[6] 2020年中央经济工作会议公报（2020年12月18日）.

　　[7] 2021年中央经济工作会议公报（2021年12月10日）.

作者简介

杨志远，男，中共四川省委党校（四川行政学院）科研处处长，教授。

建设支撑高质量发展的现代化经济体系

现代化经济体系是现代化建设的重要基础。要依靠创新驱动塑造发展优势，同步推进新型工业化、信息化、城镇化和农业现代化，加快转变发展方式、优化经济结构、转换增长动力，不断开辟高质量发展新境界。

——《高举习近平新时代中国特色社会主义思想伟大旗帜 团结奋进全面建设社会主义现代化四川新征程——在中国共产党四川省第十二次代表大会上的报告》

经济从高速增长阶段向高质量发展阶段转换，需要改造现有的经济体系，使之尽快发育成为现代化经济体系。四川省第十二次党代会将现代化经济体系作为现代化建设的重要基础，并着重从五个方面作了全面系统的部署，为全省建设支撑高质量发展的现代化经济体系指明了前进方向。

一、四川建设支撑高质量发展的现代化经济体系的重大意义

四川建设支撑高质量发展的现代化经济体系，是贯彻新发展理念、服务新发展格局的必然要求，是推进成渝地区双城经济圈建设的内在要求，也是促进四川省经济持续健康发展的客观要求。

（一）贯彻新发展理念、服务新发展格局的必然要求

建设支撑高质量发展的现代化经济体系，是贯彻新发展理念、服务新发展格局的必然要求。习近平总书记 2022 年 6 月在四川考察时强调，要"完整、准确、全面贯彻新发展理念，主动服务和融入新发展格局"[1]。新发展理念明确了我国现代化建设的指导原则，阐明了中国共产党关于发展的政治立场、价值导向、发展模式、发展道路等重大政治问题；新发展格局明确了我国经济现代化的路径选择，是重塑我国国际合作和竞争新优势的战略抉择。贯彻新发展理念、服务新发展格局，要求四川加快建设支撑高质量发展的现代化经济体系，充分发挥科技创新优势、市场腹地优势和开放门户优势，加速推进经济发展从"量的扩张"转向"质的提高"，大幅提升在畅通国民经济循环中的战略

位势，提高参与全球资源配置能力和整体经济效率。

（二）推进成渝地区双城经济圈建设的内在要求

建设支撑高质量发展的现代化经济体系，是推进成渝地区双城经济圈建设的内在要求。成渝地区双城经济圈建设，是以习近平同志为核心的党中央统筹"两个大局"作出的重大战略决策，是全面建设社会主义现代化四川的总牵引。这一战略的实施，有利于形成优势互补、高质量发展的区域经济布局，有利于拓展市场空间、优化和稳定产业链供应链。党中央明确指出，要使成渝地区成为具有全国影响力的重要经济中心、科技创新中心、改革开放新高地、高品质生活宜居地，打造带动全国高质量发展的重要增长极和新的动力源。在此背景下，四川必须胸怀国之大者，立足省之要者，尊重客观规律，发挥比较优势，把握发展机遇，促进产业、人口及各类生产要素合理流动和高效集聚，建设支撑高质量发展的现代化经济体系，构筑内陆开放战略高地和参与国际竞争的新基地，加快形成改革开放新动力，加快塑造创新发展新优势，推动成渝地区双城经济圈建设。

（三）促进四川经济持续健康发展的客观要求

建设支撑高质量发展的现代化经济体系，是促进四川经济持续健康发展的客观要求。近年来，四川经济高质量发展成效明显。2021年四川GDP总量达53 850.8亿元，稳居全国第6位。2017—2021年，四川GDP年均增长7.1%，增速比全国（6.0%）高1.1个百分点。2021年人均GDP达64 326元，在全国的排位从2016年的第20位上升到第18位。与此同时，也要注意到，全省发展不平衡不充分问题较为突出，发展质量效益不够高，科技创新支撑能力偏弱，基础设施瓶颈依然明显，城乡发展差距仍然较大，产业链分工协同程度不高，经济持续健康发展面临诸多风险挑战。习近平总书记明确指出，发展不足仍然是四川最突出的问题，要牢牢扭住经济建设这个中心，推动经济高质量发展；强调要站在更高起点谋划发展，把推动发展的立足点转到提高质量和效益上来。在此情况下，四川要清醒认识面临的机遇挑战，充分把握前进中的有利条件，把建设支撑高质量发展的现代化经济体系作为重中之重，不断提升发展质量和效益。

二、四川建设支撑高质量发展的现代化经济体系的重点领域

为了推动建设支撑高质量发展的现代化经济体系，四川省要依靠创新驱动塑造发展优势，同步推进新型工业化、信息化、城镇化和农业现代化，加快转变发展方式、优化经济结构、转换增长动力。

（一）依靠创新驱动塑造发展优势

建设支撑高质量发展的现代化经济体系，必须依靠创新驱动塑造发展优势。创新是发展的第一推动力，技术创新是现代经济增长的"助推器"。习近平总书记鲜明地指出："抓住了创新，就抓住了牵动经济社会发展全局的'牛鼻子'。"[2]近年来，四川省在政府研发投入、科技企业孵化器建设、科技成果转化等方面取得了显著成效，区域综合创新能力进入全国前列，科技进步对经济增长贡献率不断提升。根据《中国区域创新能力评价报告（2021）》，2021年度四川区域创新能力在全国排名第9，较上年上升2位，"十三五"以来上升7位。但与广东、江苏、浙江、北京、上海等地相比，四川省创新综合实力仍有较大差距。要紧抓新一轮科技革命机遇，发挥科教人才和特色产业优势，推动创新环境优化，加强创新开放合作，改善创新生态体系，增强创新投入力度，集聚高端创新人才，建立健全产学研一体化平台，推进新旧动能迭代转换，推动科技创新应用与产业转型升级深度融合，实现四川经济由高速增长向高质量发展的转型升级。

（二）同步推进新型工业化、信息化、城镇化和农业现代化

建设支撑高质量发展的现代化经济体系，必须同步推进新型工业化、信息化、城镇化和农业现代化。"新四化"的同步发展既是四川社会主义现代化建设的战略任务，也是加快形成新的经济发展方式、促进四川省经济持续健康发展的重要动力。"新四化"并非孤立存在的，而是在相互关联中发展的；"新四化"的作用也不是单独发挥的，而是在融合、互动、协调中实现的。当前，四川省工业化发展仍不平衡，信息化发展还不充分，以人为核心的新型城镇化质量有待提升，农业现代化成为制约现代化进程的短板，新型工业化、信息化、城镇化、农业现代化融合发展仍有较大提升空间。要着力解决发展不平衡不充分问题，补齐短板弱项，促进各类要素、各个产业、各个区域有机协调运行，持续推动新型工业化、信息化、城镇化、农业现代化同步发展。

（三）加快转变发展方式、优化经济结构、转换增长动力

建设支撑高质量发展的现代化经济体系，必须加快转变发展方式、优化经济结构、转换增长动力。近年来，四川省结构性、体制性、周期性问题相互交织，"三期叠加"影响持续深化，经济下行压力加大，传统发展模式难以为继。而在新型冠状病毒感染疫情以及俄乌冲突的叠加影响下，当前经济发展环境的复杂性、严峻性、不确定性上升，风险隐患较多。要努力推动质量变革、效率变革和动力变革，加快推动产业转型升级和培育新经济，提高劳动生产率、资本生产率和全要素生产率，实现更高质量、更有效率、更加公平、更可

持续、更为安全的发展。

三、四川建设支撑高质量发展的现代化经济体系的主要任务

为了建设支撑高质量发展的现代化经济体系，必须深入实施创新驱动发展战略，着力健全现代化产业体系，全面加强基础设施建设，统筹推进乡村振兴和新型城镇化，加快打造改革开放新高地。

（一）深入实施创新驱动发展战略

深入实施创新驱动发展战略，是建设现代化经济体系的首要任务。四川未来的发展要依靠科技创新驱动，而不是传统的劳动力以及资源能源驱动。正如习近平总书记在四川考察时所强调的："我国是制造大国，要努力提高自主创新能力，加快向制造强国转变。"[3]要全面落实"四个面向"要求，坚持一头抓国家战略科技力量建设、一头抓产业技术创新和全社会创新创造，优化完善创新资源布局，加快建设具有全国影响力的科技创新中心。一是加强国家战略科技力量建设，大力推进成渝（兴隆湖）综合性科学中心、西部（成都）科学城、国家川藏铁路技术创新中心、天府实验室和国家实验室四川基地等重大建设，支持中国（绵阳）科技城建设国家科技创新先行示范区。二是加强原创性、引领性科技攻关，持之以恒强化基础研究，实施重大科技专项，加快建设中试熟化平台。三是深化科技体制改革，突出企业创新主体地位，加快金融支持创新体系建设，强化知识产权创造、保护、运用。四是弘扬科学家精神，加强科学普及，培育创新创造文化，营造良好创新生态[4]。

（二）着力健全现代化产业体系

着力健全现代化产业体系，是建设现代化经济体系的战略支撑。习近平总书记多次强调，要加快建设实体经济、科技创新、现代金融、人力资源协同发展的产业体系。要坚持把发展经济的着力点放在实体经济上，推动高端化、智能化、绿色化并进，促进产业链、创新链、价值链融合，不断提升产业现代化水平。一是实施制造强省战略，突出新型工业化主导作用，促进传统产业改造提升，壮大数字经济核心产业，加快老工业城市转型升级，推动高新技术产业开发区、经济技术开发区提档升级，增强国家级和省级新区产业承载能力。二是加快发展现代服务业，建设西部金融中心和国际消费中心城市。三是做大做强"川字号"农业特色产业，促进农村一二三产业融合发展[4]。

（三）全面加强基础设施建设

全面加强基础设施建设，是建设现代化经济体系的必然选择。习近平总书记在中央财经委员会第十一次会议上强调："基础设施是经济社会发展的重要

支撑，要统筹发展和安全，优化基础设施布局、结构、功能和发展模式，构建现代化基础设施体系。"四川省要优化基础设施布局、结构、功能和发展模式，着力推进交通、能源、水利等网络型基础设施建设，加快构建现代化基础设施体系。一是以交通强省建设为引领，坚持"铁公水空"全面发力，大力实施川藏铁路、成渝中线高铁、成达万高铁、渝昆高铁、西渝高铁、宜攀高速公路等重点项目，推动长江上游航运枢纽建设，统筹枢纽机场、支线机场、通用机场建设发展，加强综合交通枢纽和集疏运体系建设，打造国家综合立体交通极。二是推动电力源网荷储一体化，促进水风光氢多能互补发展，加快国家天然气（页岩气）千亿立方米级产能基地建设，打造世界级优质清洁能源基地。三是加快推进引大济岷、安宁河流域水资源配置、长征渠、毗河二期等重大水利工程，增强跨区域、跨流域水资源调配和供水保障能力。四是着眼构筑未来发展优势，抓好新型基础设施规划布局，加快建设网络强省、数字四川[4]。

（四）统筹推进乡村振兴和新型城镇化

统筹推进乡村振兴和新型城镇化，是建设现代化经济体系的重要基础。近年来，习近平总书记对城乡融合发展作出一系列重要论述，强调"走城乡融合发展之路"。要加快建立健全城乡融合发展体制机制和政策体系，统筹推进乡村振兴和新型城镇化。一是落实最严格的耕地保护制度，严守永久基本农田红线，推进高标准农田建设，深入实施乡村建设行动，壮大新型农村集体经济，培育新型农业经营主体，探索建立新型职业农民制度，推动巩固拓展脱贫攻坚成果同乡村振兴有效衔接，守住不发生规模性返贫底线。二是深入实施以人为核心的新型城镇化战略，推进以县城为重要载体的城镇化建设，提高农业转移人口市民化质量，推进以城带乡、有效促进乡村振兴，与此同时，因地制宜开展城市更新行动，建设现代化城市。三是抓好以片区为单元的乡村国土空间规划编制实施，增强中心镇（村）辐射带动作用[4]。

（五）加快打造改革开放新高地

加快打造改革开放新高地，是建设现代化经济体系的必要条件。实践发展永无止境，解放思想永无止境，改革开放也永无止境。要打好重点领域改革攻坚战，加强改革系统集成、协同高效，与此同时，深化"四向拓展、全域开放"，积极推动更高层次开放。一是坚持"两个毫不动摇"，推进国有经济资源整合、结构调整和布局优化，激发民营经济发展活力、维护民营企业合法权益，依法规范和引导各类资本健康发展。积极参与全国统一大市场建设，营造稳定公平透明可预期的营商环境。二是积极参与西部陆海新通道建设，提升中欧班列（成渝）运营效能，推动货物贸易与服务贸易协同发展。高质量建设自贸试验区和综合保税区，支持创建天府国际机场国家级临空经济示范区，提升机场、港口等口岸能级，深化拓展外国来川设领和国际友城交往，扩大重大展会国际影响力，不断增强开放合作实效[4]。

参考文献

[1] 习近平在四川考察时强调深入贯彻新发展理念主动融入新发展格局在新的征程上奋力谱写四川发展新篇章 [N].人民日报，2022-06-10.

[2] 习近平.习近平谈治国理政（第二卷）[M].北京：外文出版社，2017：201.

[3] 习近平在四川考察时强调深入贯彻新发展理念主动融入新发展格局在新的征程上奋力谱写四川发展新篇章 [N].人民日报，2022-06-10（001）.

[4] 王晓晖.高举习近平新时代中国特色社会主义思想伟大旗帜 团结奋进全面建设社会主义现代化四川新征程：在中国共产党四川省第十二次代表大会上的报告（2022年5月27日）[N].四川日报，2022-6-6.

作者简介

张宁，男，中共成都市委党校（成都行政学院）统一战线理论教研部讲师，博士。

朝着共同富裕目标持续增进民生福祉

共同富裕是中国式现代化的重要特征。要悟透以人民为中心的发展思想，紧紧围绕让老百姓过好日子，加强基础性、普惠性、兜底性民生保障建设，促进民生社会事业全面进步，推动共同富裕取得更为明显的实质性进展。

——《高举习近平新时代中国特色社会主义思想伟大旗帜 团结奋进全面建设社会主义现代化四川新征程——在中国共产党四川省第十二次代表大会上的报告》

"治国之道，富民为始。"共同富裕是社会主义的本质要求，是社会主义制度优越性的体现，是中国共产党矢志不渝始终坚持的价值目标和理想追求，扎实推进共同富裕是我们党领导人民在实现全面建成小康社会后的必然趋向。四川省第十二次党代会更是将"共同富裕"作为中国式现代化的重要特征加以对待，并着重从四个方面作了全面系统的部署，为全省持续增进民生福祉，最终实现共同富裕的目标指明了方向。我们要站在人类文明新形态的战略高度，深刻领会共同富裕的本质内涵和文明意义，正确把握共同富裕的总体方位，扎实推进共同富裕的伟大实践。

一、省情再审视：推动共同富裕的条件成熟

在过去的五年中，四川省委突出抓了一批大事要事，其中之一是举全省之力决战决胜脱贫攻坚。"88个贫困县、11 501个贫困村、625万贫困人口"，一串串数字告诉世人，"千年贫困苦，一朝得梦圆"。四川与全国人民一道步入全面小康社会，这"为促进共同富裕创造了良好条件"[1]。

（一）中国式现代化路径日渐清晰，顶层设计日趋完善

世界近代史告诉我们，现代化是强国富民的必然途径，西方发达国家用几百年时间创造了走向现代化的"西方版本"，中国经过长时间的探索后终于发现，"西方版本"的现代化在中国始终水土不服，但我们始终相信通向现代化的道路不止一条。中国共产党立足中国具体国情和历史文化传统，始终坚持

"领导人民自立自强、不懈探索，以人的现代化为价值原点，把时空的压缩性和发展的持续性、结构的全面性和要素的协调性结合起来，成功走出一条适合中国国情、符合人民意愿的发展道路，写出了走向现代化的'中国版本'，创造了人类文明新形态"[2]。从"解决温饱"到"总体小康"，从"全面建设小康"到"全面建成小康"，从"物质文明和精神文明两手抓、两手都要硬"到统筹推进"五位一体"总体布局、协调推进"四个全面"战略布局，中国式现代化道路日渐清晰成熟，为全面开启社会主义现代化国家新征程筑牢了坚实基础。

（二）随着治蜀兴川成效逐步显现，制度优势愈加明显

"小智治事，中智治人，大智治制。"自新中国成立以来，在党中央的坚强领导下，四川省委省政府团结带领全省各族人民，拼搏实干、砥砺奋进，推动四川经济社会不断发展、改革开放不断深入、治蜀兴川成效逐步显现、制度优势愈加明显。先后实现了"民主建设从'建立地方政权'到'民主制度化法治化'再到'坚持党的领导、人民当家作主、依法治国有机统一'，法制体系从'从零起步'到'有法可依'再到'立良法促善治'，社会治理从'管制'到'管理'再到'治理'，依法行政从'全能政府'到'责任政府'再到'法治政府'，司法体系从'初创探索'到'规范重建'再到'优化配置'，法治信仰从'不知法、不懂法、不信法'到'自觉学法、守法、用法'再到'信仰法治、尊崇法治、捍卫法治'，民族地区从'封建专制'到'开放民主'再到'依法常态化治理'等七个历史性的跨越"[3]，逐步构建起党委领导、政府参与、各司其职、公众参与的现代治理格局，为新时代治蜀兴川提供了坚实的制度保障。

（三）四川省经济发展呈现良好态势，物质基础日益雄厚

"从新中国成立初期的百废待兴、百业待振，到'一五''二五''三线建设'初步奠定经济发展的基础；1978 年，党的十一届三中全会吹响了改革开放的号角，四川生产力得到极大解放；进入 21 世纪，西部大开发为四川迎来了大开放、大发展的新机遇，四川经济进入高速发展快车道；党的十八大以来，以习近平同志为核心的党中央承前启后、继往开来，中国特色社会主义建设进入新时代，四川经济进入高质量发展新阶段。"[4]特别是最近 5 年，全省经济总量连跨两个万亿元台阶，达到 5.38 万亿元。工业"5+1"、服务业"4+6"、农业"10+3"现代化产业体系基本形成。区域综合创新能力进入全国前列，科技进步对经济增长贡献率不断提升。农业大省金字招牌擦得更亮，粮食产量时隔二十年再次突破七百亿斤。城乡融合发展步伐加快，县域经济基础不

断夯实。随着全省经济发展步入稳定增长态势，保障人民群众生活、生产的物质基础日渐雄厚，这为全省建设社会主义现代化四川奠定了坚实的物质基础。

（四）发展不平衡态势将逐步缩小，共同富裕势所必然

四川省地处中国内陆，地形地貌复杂，省内多山地高原和丘陵，适合城市发展的平原地区非常少，也因此限制了很多城市的纵横发展。成都市所在的成都平原是全省最大的平原，也是四川省经济发展最好、综合实力最强的地区。正是由于基础条件的巨大差异，四川省不能像东南沿海地区那些经济强省一样，合理分配资源均衡发展每一个城市。对于四川而言，强省会成都战略好处虽然多，但最大的问题是导致了省内各地区的不平衡，为了改变"一城独大"的发展模式，才有了后来区域协调发展的多点开花。特别是四川省第十二次党代会明确"支持绵阳发挥科技城优势加快建成川北省域经济副中心、宜宾—泸州组团建设川南省域经济副中心、南充—达州组团培育川东北省域经济副中心"，必将逐渐缩小区域发展的差距。四川省第十二次党代会还特别强调在共同富裕道路上，要"更加注重省内欠发达地区、革命老区、民族地区、盆周山区高质量发展，加大政策支持和帮扶力度，努力缩小区域差距、城乡差距和收入差距"[5]。可以预见，在四川省委的战略部署下，未来四川区域发展将更加均衡、更加持久。

二、逻辑再厘清：推动共同富裕的方式考量

习近平总书记在十八届中央政治局常委同中外记者见面时讲话强调："我们的责任，就是要团结带领全党全国各族人民，继续解放思想，坚持改革开放，不断解放和发展生产力，努力解决群众的生产生活困难，坚定不移走共同富裕的道路。"虽然走向共同富裕具体途径是多样的，但不论是何种方式都有可供寻觅的规律。

（一）做大蛋糕还要分好蛋糕，要兼顾生产力发展与社会公平

共同富裕的前提是富。如果一个国家或是一个地方没有整体的富，自然就谈不上共同富裕了。换言之，一个国家或是一个地方整体上富，也就是要"做大蛋糕"。虽然"做大蛋糕"与"分好蛋糕"是两件事，但这两件事情不可偏废。"做大蛋糕"是发展生产力，而"分好蛋糕"则要体现社会公平。因此，"做大蛋糕"是"分好蛋糕"的物质基础，蛋糕不大，分得再好都不可取。对当下的四川而言，尽管已经实现了全面小康，但发展不平衡不充分的矛盾仍然突出，需要在"做大蛋糕"的同时"分好蛋糕"，从这个角度讲"分好蛋糕"也是进一步"做大蛋糕"的基础。曾有人认为，市场经济发展到一定

程度不会自动纠正种种因起点不平等而带来的结果不平等，贫富差距的扩大和增长是必然现象。这在资本主义条件下是无解的，而我们的社会主义市场经济就是在"做大蛋糕"的同时兼顾"分好蛋糕"，通过"分好蛋糕"进一步"做大蛋糕"。也就是说共同富裕的标准在一定时期是动态的，并不是一步到位的。

（二）物质和精神要统一步调，要高质量发展又必须协调而行

"仓廪实而知礼节，衣食足而知荣辱。"推进共同富裕，既要努力满足人民群众的物质需求，也要努力满足人民群众的精神文化需求。习近平总书记强调，"共同富裕是全体人民的富裕，是人民群众物质生活和精神生活都富裕"[1]。物质世界和精神世界是构成一个完整独立个体的两个方面，既要"富口袋"，也要"富脑袋"。在推进全面建设社会主义现代化四川新征程中，要更加自觉坚定地推动物质文明和精神文明协调发展，为通过高质量发展推动共同富裕提供坚强思想保证。因此，推进共同富裕必须处理好"富口袋"和"富脑袋"的关系，既要家家"仓廪实衣食足"，实现物质生活水平提高，也要人人"知礼节明荣辱"，实现精神文化生活丰富，最终促进四川省与全国人民一道迈进共同富裕。

（三）促进和扩大社会性流动，要鼓励市场配置更要政府有为

党的十九大报告指出："破除妨碍劳动力、人才社会性流动的体制机制弊端，使人人都有通过辛勤劳动实现自身发展的机会。"[6]2021年8月17日中央财经委员会第十次会议指出："为人民提高受教育程度、增强发展能力创造更加普惠公平的条件，畅通向上流动通道，给更多人创造致富机会，形成人人参与的发展环境。"社会生产要素流动最关键的是人的流动，群体流动是社会健康持续发展的动力所在，营造人人向上的社会氛围是防止阶层固化的重要手段。促进和扩大社会性流动，要靠市场驱动。改革开放以来，城乡之间的流动演变为区域之间的横向流动，社会要素从落后地区向发达地区积聚，创造了沿海城市的发展奇迹。但在市场经济运作下，一些优势社会群体掌握的优质资源不断挤占弱势社会群体的资源空间，使得弱势社会群体的发展机会越来越少。因此，促进和扩大社会流动不能仅仅依靠市场驱动，还要有政府作为，要适当运用"看得见的手"在资源分配、机会公平等方面的积极作用，保障保证全体人民共享改革发展成果。

（四）社会保障全覆盖均等化，要循序渐进还要可持续又长久

不断增加低收入群体收入，不仅是促进共同富裕的出发点，也是推进社会主义现代化四川建设的重要目标。由于历史和现实复杂的原因，城镇居民之间

的差距、高收入者与低收入者之间的差距、区域发展之间的差距导致一部分低收入者无法公平地享受到社会发展成果。共同富裕追求的是个人的全面自由发展，不是部分人、少数人的富裕。因此，要加大低收入者增收投入，不断提高低收入群体收入，把众多的低收入群体尽可能多地发展成为中等收入群体，不断扩大中等收入群体比重，实施"收入倍增计划"，将"金字塔型"的结构转变为"两头小、中间大"的"橄榄型"结构。这也是我们党不遗余力推进共同富裕的真正意义所在。增加低收入群体收入既要从抓发展入手，也要从完善社会保障入手，要努力提供更多更好的基本公共服务和教育、医疗等公共资源，但必须建立在经济发展和财力可持续的基础之上，不能好高骛远，盲目制定惠民政策，要坚决防止陷入"福利主义"养懒汉的泥沼。

三、部署再优化：推动共同富裕的路径选择

实现全体人民共同富裕是一项长期而又紧迫的任务，分阶段促进共同富裕的目标已经确定，我们必须朝着阶段目标持续增进民生福祉，促进经济高质量发展，完善收入分配制度，兜紧兜牢民生保障底线。

（一）持续提高发展质量效益，夯实共同富裕的物质基础

共同富裕的物质前提是生产力的发展，在社会主义条件下，"通过有计划地经营全部生产，使社会生产力及其成果不断增长，足以保证每个人的一切合理的需要在越来越大的程度上得到满足"[7]。四川省经济社会发展态势一直良好，但经济下行的压力渐重。习近平总书记指出，"发展不足仍然是四川最突出的问题，要牢牢扭住经济建设这个中心，推动经济高质量发展"[5]，因此省委省政府深刻把握高质量发展内涵，坚持稳中求进工作总基调，坚持"稳农业、强工业、促消费、扩内需、抓项目、重创新、畅循环、提质量"的工作思路，推动经济发展质量变革、效率变革、动力变革。四川省第十二次党代会报告指出："促进高质量发展，要把新发展理念贯彻到经济社会发展全过程和各领域，以建设支撑高质量发展的现代化经济体系促进现代化四川建设步伐，依靠创新驱动，加快转变发展方式，深化经济结构改革。"[5]这也预示着在高质量发展新的"赛道"上，要全面开启"加速跑"。

（二）深化收入分配制度改革，多渠道增加城乡居民收入

做好收入分配制度改革，扩大中等收入群体规模，构建"两头小、中间大"的"橄榄型"分配结构，是实现共同富裕的必经之路。对四川来说，首先是实施就业优先战略，持续扩大就业增加收入，让勤劳致富成为社会正能量。统筹做好重点群体就业工作，抓住重点、精准施策。切实支持中小微企业

稳岗扩岗，解决好高校毕业生就业问题。其次是深化实施"双创"发展新动能，加大技能人才培养力度，吸引吸收更多高精尖素质人才加入技术工人队伍。支持和规范新业态发展，提供更多优质平台帮助就业选择。再次是帮助进城新产业工人积极融入城市生活，解决好子女教育、医保社保等后顾之忧。巩固拓展省内外劳务市场，搭建完善用工信息对接平台，推广使用就业帮扶直通车。最后要完善收入分配制度和收入合理增长机制，要努力让老百姓的腰包"鼓起来"，特别是要关注欠发达地区人民增收问题，在共同富裕的道路上，"一个都不能少"。

（三）缩小城乡区域发展差距，现代化不允许任何人掉队

习近平总书记指出，要"持续缩小城乡区域发展差距，让低收入人口和欠发达地区共享发展成果，在现代化进程中不掉队、赶上来"[8]。虽然四川省发展不平衡不充分的问题仍然明显，但正如四川省在全面建成小康社会时一样，没有让任何一个人掉队，现在推进共同富裕同样如此，也不允许任何一个人掉队。因此，现在最主要的就是以深入推进乡村振兴为抓手逐步缩小城乡区域发展差距，强化以工补农、以城带乡，推动形成工农互促、城乡互补、协调发展、共同繁荣的新型工农城乡关系，让农村基本公共服务得到改善、农民收入持续增加、环境更加优美、乡风更加文明。在具体实践中要着重推进教育现代化，让优质教育资源更多普及普惠到欠发达地区。深入推进健康四川建设，推动医疗卫生事业高质量发展，让优质医疗资源均衡分布，提升基层医疗卫生服务能力，着力解决"就医难"问题。兜底兜紧社会保障底线，健全社会保障体系，完善低保标准动态调整机制，统筹做好社会救助、社会福利、优抚安置等保障工作。

（四）打造高品质生活宜居地，让幸福美好生活触手可及

宜居是千百年来人民群众对美好生活的向往。如今，四川省第十二次党代会报告明确提出要打造高品质生活宜居地，这是践行以人民为中心的发展思想、推动城市发展方式转型的重要举措。要高水平建设公共基础设施，健全区域城市轨道交通体系，畅通城乡之间、区域之间连接纽带，增强区域协调发展的战略性，牢牢把握住"惠民生"这一根本目的，不断提升人民幸福生活质量。坚持"房子是用来住的，不是用来炒的"，稳健发展地方房地产，统筹发展保障性租赁住房，对重点产业、创新创业人群和新市民、青年人住房实施重点保障。打造消费多元化城市，鼓励新业态发展，加大创新项目支持力度，加强对未来生活方式和消费趋势的研判，高标准规划建设一批教育、医疗、文化、体育、商业等公共服务设施。深入实施生态保护战略，扎实做好长江黄河

上游保护屏障，统筹推进净土、净水、净空工作，开展好城镇居民垃圾分类改革，让城市乡村都成为承载四川人民美好生活的高品质生活宜居地。

参考文献

［1］习近平.扎实推动共同富裕［J］.求是，2021（20）：4-8.

［2］什么是中国共产党，中国共产党干什么［N］.人民日报，2022-06-30（001）.

［3］黄大海.“七个跨越”勾勒四川民主法治发展历程［N］.四川日报，2019-09-11（001）.

［4］奋进四川经济奇迹［J］.四川党的建设，2019（18）4-5.

［5］王晓晖.高举习近平新时代中国特色社会主义思想伟大旗帜 团结奋进全面建设社会主义现代化四川新征程［N］.四川日报，2022-06-06（001）.

［6］决胜全面建成小康社会 夺取新时代中国特色社会主义伟大胜利（单行本）［M］.北京：人民出版社，2017.

［7］习近平.关于《中共中央关于全面深化改革若干重大问题的决定》的说明［N］.人民日报，2013-11-16（001）.

［8］习近平.在全国脱贫攻坚总结表彰大会上的讲话［M］.北京：人民出版社，2021.

作者简介

王栎曦，女，中共达州市委党校（达州行政学院）党史党建教研部教师，硕士研究生。

筑牢长江黄河上游生态屏障

落实"一定要把生态文明建设这篇大文章写好"等重要要求，扛起长江黄河上游生态保护政治责任，筑牢维护国家生态安全的战略屏障。要筑牢长江黄河上游生态屏障，有力有序推进碳达峰碳中和，推动生态环境保护修复，建立健全现代环境治理体系。

——《高举习近平新时代中国特色社会主义思想伟大旗帜 团结奋进全面建设社会主义现代化四川新征程——在中国共产党四川省第十二次代表大会上的报告》

2022年6月8日下午，习近平总书记来到四川宜宾市叙州区三江口考察调研。三江口拥有三江六岸的独特奇观，金沙江、岷江在此汇合而成长江，长江至此始称"长江"。习近平总书记来到三江口"长江零公里"处，听取了宜宾市关于水生态修复保护情况介绍后强调，要筑牢长江上游生态屏障，强化上游担当，以能酿出美酒的标准，想方设法保护好长江上游水质，造福长江中下游和整个流域。

一、筑牢长江黄河上游生态屏障的战略意义

（一）筑牢长江黄河上游生态屏障是习近平生态文明思想一以贯之的根本遵循

筑牢长江黄河上游生态屏障是习近平生态文明思想的生动实践。生态文明建设是中华民族永续发展的千年大计。党的十八大以来，党中央一直将生态文明建设作为全局工作的重点之一。习近平生态文明思想作为习近平新时代中国特色社会主义思想的重要组成部分，是建设美丽中国的强大思想武器。在习近平生态文明思想的指引下，从中央到地方都在生态文明建设领域作出了一系列重大战略部署，推动了生态治理实现全局性转变。2019年4月，习近平总书记在重庆考察时指出："要深入抓好生态文明建设，坚持上中下游协同，加强生态保护与修复，筑牢长江上游重要生态屏障。"筑牢长江黄河上游生态屏障

是习近平总书记亲自谋划、亲自推动的国家重大战略，是习近平生态文明思想的生动实践，为推动长江、黄河上游生态保护提供了方向指引和根本遵循。同时，筑牢长江黄河上游生态屏障是筑牢国家生态屏障的关键，也是习近平生态文明思想的重要体现。在我国"两屏三带"国家生态安全总体战略布局中，建好并筑牢长江黄河上游屏障是立足国家生态安全大局的战略定位。

（二）筑牢长江黄河上游生态屏障是推动绿水青山转化为金山银山的重要导向

筑牢长江黄河上游屏障关系发展全局，更是推动绿水青山转化为金山银山的重要导向。2013年9月，习近平总书记指出："我们既要绿水青山，也要金山银山。宁要绿水青山，不要金山银山，而且绿水青山就是金山银山。"这直接揭示了生态环境与经济发展二者之间的内在统一和相互转化。一方面，筑牢长江黄河上游屏障需要将生态资源转化为生态资产和生态资本，为可持续筑牢长江黄河上游屏障奠定经济基础；另一方面，推动绿水青山转化为金山银山的具体实践中，要有上游担当，牢固树立上游意识，在筑牢长江黄河上游屏障的基础和前提下进行科学合理转化。由此，要实现绿水青山与金山银山的良性循环，必须以筑牢长江黄河上游屏障为根本导向，正确处理生态建设和经济建设关系，"推动形成绿色发展方式和生活方式"[1]和经济结构绿色转型，生态环境优势才能逐步转变为经济优势。

（三）筑牢长江黄河上游生态屏障是推进生态环境质量改善并提升人民群众幸福感的有效路径

筑牢长江黄河上游生态屏障有利于从根本上改善区域生态环境，稳步提升生态环境质量。上游生态屏障得以筑牢，沿岸区域的生态环境、人居环境将得到彻底改善。习近平总书记强调："要提升生态系统质量和稳定性，坚持系统观念，从生态系统整体性出发，推进山水林田湖草沙一体化保护和修复，更加注重综合治理、系统治理、源头治理。"此外，长江黄河上游的生态环境状况直接关系当地及中下游的水源涵养、水土保持、洪涝灾害发生率等实际情况。长江黄河上游生态屏障得到进一步建设，将为长江黄河中下游的经济社会发展提供有利条件，反之也会给上游区域带来一定的生态效益和经济效益。筑牢长江黄河上游生态屏障更是关乎民生的重大社会问题，直接与人民群众的幸福感息息相关。习近平总书记经常强调，环境就是民生，青山就是美丽，蓝天也是幸福[2]。生态屏障得以持续筑牢，将直接提升人民群众的幸福感指数，要像保护眼睛一样保护生态环境，对待生命一样对待生态环境。

（四）筑牢长江黄河上游生态屏障是开创生态文明建设四川新局面的关键举措

筑牢长江黄河上游屏障是将习近平总书记对四川生态文明建设的殷殷嘱托转化为自觉行动。长江黄河上游是根基，保护好长江和黄河，首先应保护好根基，建设好长江黄河上游生态屏障。习近平总书记时刻心系长江黄河，也关心四川生态文明建设，对四川生态文明建设作出重要指示。2018年2月，习近平总书记来川视察时指出，四川是个好地方，山水秀丽、民风淳朴、文化多彩，一定要把生态文明建设这篇大文章写好，充分绽放四川独特的自然生态之美、多彩人文之韵，谱写美丽中国四川篇章[3]。2022年6月8日，习近平总书记再次到四川考察长江流域生态修复保护情况，并强调四川地处长江上游，要增强大局意识，牢固树立上游意识。这些重要指示精神都是习近平总书记对四川生态文明建设的殷殷嘱托和战略擘画。四川以此为契机，始终胸怀"国之大者"，聚力筑牢长江上游四川段生态屏障，坚定以习近平生态文明思想为指引，推进"生态优先、绿色发展"理念深入人心。因此，要加快推动新时代四川生态文明建设并持续在筑牢长江黄河上游生态屏障方面取得新突破、开创四川新局面。

二、共抓大保护、不搞大开发的战略要求

（一）绿色转型成效要显著

习近平总书记在考察宜昌时强调，"共抓大保护、不搞大开发"不是说不要大的发展，而是要立下生态优先的规矩，倒逼产业转型升级，实现高质量发展。长江、黄河不仅是有巨大潜力的经济发展带，更是关系子孙祸福的生态屏障带。要在生态环境保护从严从紧的前提下，依托黄金水道，统筹岸上水上，正确处理防洪、通航、发电的关系。进一步实施电能代替、清洁能源工程。目前在长江支流金沙江、雅砻江和大渡河均建设有水电基地，实现可再生能源电力装机量和发电量分别达到8 782.5万千瓦、3 677.4亿千瓦时，分别占四川省电力装机和发电量的85.3%、88.8%。进一步统筹考虑经济社会发展和水资源水环境承载能力，强化长江水资源水环境保护和合理利用，大力实施创新驱动和产业转型升级，要使产业结构更加优化、能源资源配置更加合理、利用效率大幅提升，绿色交通格局进一步优化，绿色生产生活方式普遍推行。只有切实顺应自然保育生态，中华民族母亲河才能永葆生机活力。

（二）生态环境要持续改善

生态环境作为最普惠的民生福祉，改善生态环境，就是在持续有效地优化

民生福祉供给。在"十三五"期间,生态环境已有了一定的基础。截至2020年年底,四川21个市(州)城市大气质量达标数量达到14个;全省优良天数比例为90.7%;134个省级及以上的开发区建成污水集中处理设施;县级及以上饮用水水源地水质达标率为100%。在"十四五"期间,持续改善生态环境是推进"共抓大保护,不搞大开发"的应有之义。到2025年,力争21个市(州)和183个县(市、区)空气质量全面达标,基本消除重污染天气,全省国控断面水质以Ⅱ类为主,长江黄河干流水质稳定达到Ⅱ类。例如,宜宾全面推进河长制向河长治转变,围绕水资源保护、水域岸线管理、水污染防治、水环境质量、水生态功能、执法监督6个方面主要目标,细化31项具体工作任务和制度。同时,生态安全得到有效管控。要求土壤污染得到基本控制。持续加强土壤污染源头防控。在种植面源污染、畜禽养殖污染、污水垃圾污染等方面,重点设置调查项目,及时掌握耕地污染状况,实施对应治理举措。按照习近平总书记的要求,在生态环境保护上一定要算大账、算长远账、算整体账、算综合账,不能因小失大、顾此失彼、寅吃卯粮、急功近利,要把生态环境保护放在更加突出位置[4]。

(三)生态系统服务功能持续增强

四川省作为自然资源大省,自然资源的丰富性、多层次性,构成了功能较为完善的生态系统,也决定了其具有较强的资源承载力。在"十三五"期间,四川全省已累计完成营造林830万亩、草原生态修复902万亩、中重度沙化土地治理5.8万亩,森林覆盖率达到40%。不仅如此,生物多样性也得到较大发展。全省建立各级各类自然保护地525处,生态保护红线面积14.9万平方千米。这些为四川省自然生态系统提供了较强的承载力支撑。生态系统的承载力体现在其服务功能方面。在"十四五"期间,"共抓大保护,不搞大开发",就是要求生态系统的承载力要进一步增强,服务功能也要实现进一步强化,使国家和四川省重点保护物种及四川特有物种得到有效保护。如巴朗山雪莲、矮岩羊、大熊猫等,作为四川特有生物,将会得到进一步有效保护。强化生态系统的服务功能,还要进一步实现山水林田湖草沙冰一体的良性循环发展[5]。生态发展要始终坚持系统思维,统筹好生态系统内部各要素之间的关系。紧紧围绕生态环境的要素特点,坚持山水林田湖草沙冰一体化治理,增强环保、国土、林业、水利、农业、城乡建设、产业发展等相关规划的协同性,进一步增强生态系统的服务功能。

(四)环境治理体系与治理能力现代化水平再上新台阶

生态文明体制改革深入推进。习近平生态文明思想的深邃内涵中,要求用最严密的法治和最严格的制度来保护生态环境和发展生态环境[6]。从 2015 年 9 月中共中央、国务院印发《生态文明体制改革总体方案》以来，四川省高度重视生态环境的治理体系与治理能力建设，并在 2020 年印发了《四川省生态文明体制改革方案》，从自然资源资产产权制度、国土空间开发保护制度、空间规划体系、资源总量管理和全面节约制度、资源有偿使用及生态补偿制度等方面作了明确规定，实现了四川生态文明制度的体系化建设。2021 年 1 月，四川省委办公厅、省政府办公厅印发的《关于构建现代环境治理体系的实施意见》指出，要坚持党的领导、多方共治、市场导向和依法治理基本原则，完善体制机制，强化源头治理，凝聚各方力量，落实各类主体责任，形成导向清晰、决策科学、执行有力、激励有效、多元参与、良性互动的环境治理体系。生态环境监管数字化、智能化步伐加快，要充分运用好大数据、云计算、5G 等现代化技术手段，统筹整合"雪亮工程""天网工程"等硬件设施，实现四川生态环境治理效能显著提升。

三、推进长江黄河上游生态文明建设的战略要点

（一）进一步坚定践行绿水青山就是金山银山理念，强化上游意识和上游担当

一是进一步加强对绿水青山就是金山银山理念重要性的认识。要进一步认识，绿水青山就是金山银山理念现已然成为四川全党全社会的共识和行动，推动着四川生态文明建设不断取得瞩目成就。这一理念深刻揭示了经济发展和生态环境保护的关系，破除了地方经济社会发展和生态环境保护二律背反困境[7]。二是进一步夯实生态环境资源本底和基础。生态环境的保护和发展需要以环境资源要素的"数"和"质"为根基。根据自然资源禀赋，养种更多的动植物。例如，在长江黄河四川段举办省级规模的增殖放流活动，进一步增加了长江黄河环境资源的丰富性和层次性。三是加强对四川处于长江黄河上游的重要性认识。要加深对四川特殊地理位置重要性的认识。四川地处长江黄河上游，生态环境的系统性决定了四川上游生态屏障的特殊重要性，即四川生态屏障直接影响了中下游黄金水道流域的发展。因此，四川的党员干部和群众都要牢固树立和强化长江黄河上游意识，要在日常的行为实践中，进一步彰显上游担当。

（二）加强宣传动员，有力有序推进碳达峰碳中和

一是深入实施碳达峰行动，引导企业进一步实现低碳绿色转型[8]。要结合四川各市州资源禀赋和发展基础，整合节能提效和低碳化相关技术、各地优秀

升级案例、全国碳市场发展状况、企业目前面临的困境等资料形成"绿色低碳技术+案例+需求"数据库。以数据库为平台，促进经验技术互通，梳理共性问题，寻找规模化低成本低碳转型升级路径，配套实施交通能源节约工程等，从而统筹推动产业结构、能源结构、交通运输结构、用地结构优化调整，协同推进降碳、减污、扩绿、增长。二是建立完善减污降碳激励约束机制，探索建立减污降碳货币政策、财税政策[9]。大力推动绿色贷款、绿色股权、绿色基金等发展，进一步发挥金融对绿色低碳转型的支持作用。同时，通过补贴或税收优惠等配套方式，引导社会资金共同参与，支持绿色低碳技术的研发和应用，提升应对环境变化基础能力。三是强化"双碳"目标科技支撑。一方面引育留用好相关人才。地方政府根据人才性质，制定一才一策，在全球范围内招引相关人才；加强校地合作，在著名高校中开设相关专业，培育相关人才队伍；地方政府根据人才性质，用好用活国资平台，为人才提供服务保障。另一方面，用好现有高科技手段，实现企业的技术升级和转型。运用现代化科技手段，实现传统企业技术升级，建立健全绿色低碳循环发展经济体系；同时加强对新兴产业的培育。

（三）多措并举，加力加劲推动生态环境保护修复

一是持续深入打好蓝天、碧水、净土保卫战。严格按照中央和四川省委相关要求和决策部署，进一步深入打好蓝天、碧水、净土保卫战，让四川的天更蓝、山更绿、水更清、地更净，环境更优美，提升四川群众的获得感、幸福感和公平感[10]。二是统筹山水林田湖草沙冰系统治理。大力实施水土保持、地灾治理、矿山修复等重点生态工程，深化黄河干流堤岸侵蚀治理，可采取"中央资金+地方资金+社会资金"相结合的模式，将部分有长效利益的项目与环境资源的生态化治理进行"肥瘦搭配"，撬动社会资本投入生态治理，稳固"四区八带多点"生态安全格局。三是持续实施长江十年禁渔计划。根据退捕渔民技能特点，优先开发涉渔岗位，分类提供岗位技能培训，提升渔民转产就业成功率；在有条件的地区引导渔民向水产绿色养殖方向发展[11]，探索生产性扶渔的新路径，不断强化沿江群众上游担当，提升生态增殖、养殖技术水平。从而，持续提升生态系统质量，确保生态环境总体安全。

（四）坚持创新探索，建立健全现代环境治理体系

一是深入推进生态文明体制改革，提升生态环境治理现代化水平。进一步发挥法治在生态环境保护和发展中的保障作用。各市州可根据自身资源禀赋特点，探索制定相应的环境资源保护条例。例如，四川宜宾探索制定了全省第一部正式颁布实施的古镇保护条例——《宜宾市李庄古镇保护条例》，并于2021

年6月1日起正式实施。二是探索生态产品价值实现机制，建立完善生态补偿制度。结合长江国家文化公园建设和巴蜀文化旅游走廊建设契机，加强对长江文化和黄河文化的研究，凸显四川长江黄河标志性地理特征，并在相关景点项目中深挖并植入熊猫文化、蜀文化等元素，增添四川特色记忆点。同时，对四川生态环境破坏和低效率利用的个人和企业，要探索建立阶梯制的生态补偿制度，对破坏生态环境的行为和意识产生震慑作用。三是推进跨区域跨流域生态环境保护协同立法和联合执法。根据长江黄河流域特点，加强相关部门之间信息互通、资源共享，形成纵向跨行政区域、横向跨部门的联防联控机制。同时，进一步聚焦突出问题，全面落实生态环境保护责任。促进"天府之国"环境资源永续利用和生态环境不断改善，为子孙后代守护好这一片蓝天、一江碧水、一方净土。

参考文献

[1] 郑石明，邹克，李红霞. 绿色发展促进共同富裕：理论阐释与实证研究 [J]. 政治学研究，2022（2）：52-65，168-169.

[2] 方世南. 论习近平生态文明思想彰显的人民至上理念 [J]. 马克思主义与现实，2022（3）：15-20，202-203.

[3] 坚定以习近平生态文明思想为指导 奋力谱写美丽中国的四川篇章 [J]. 四川党的建设，2018（13）：7.

[4] 邹长新，王燕，王文林，等. 山水林田湖草系统原理与生态保护修复研究 [J]. 生态与农村环境学报，2018，34（11）：961-967.

[5] 张佳宝，孙波，朱教君，等. 黑土地保护利用与山水林田湖草沙系统的协调及生态屏障建设战略 [J]. 中国科学院院刊，2021，36（10）：1155-1164.

[6] 刘志坚. 习近平生态文明思想研究述要 [J]. 毛泽东邓小平理论研究，2022（3）：15-24，108.

[7] 王培鑫，吕长江. 环境保护与经济发展能否和谐共进？：来自创新的经验证据 [J]. 南开管理评论：1-25.

[8] 周鹏，高朱红，闻雯. 政府补贴、碳减排目标约束与工业企业低碳策略选择 [J]. 北京理工大学学报（社会科学版），2022（4）：118-128.

[9] 陈诗一，祁毓. 实现碳达峰、碳中和目标的技术路线、制度创新与体制保障 [J]. 广东社会科学，2022（2）：15-23，286.

[10] 孟耀斌，宋昊政，张东妮，等. 一种基于游憩时长的水景观满意度

评价方法：以北京市大运河森林公园为例［J］. 北京师范大学学报（自然科学版），2021，57（3）：424-432.

［11］杨正勇，刘东，彭乐威. 中国海水养殖业绿色发展：水平测度、区域对比及发展对策研究［J］. 生态经济，2021，37（11）：128-135.

作者简介

1. 侯刚，男，中共宜宾市委党校（宜宾行政学院）公共管理教研室讲师，中共高县县委党校兼职副校长，研究方向为生态文明建设。

2. 杨秋萍，女，中共宜宾市委党校（宜宾行政学院）公共管理教研室教师，研究方向为基层治理。

3. 李永波，男，中共宜宾市委党校（宜宾行政学院）行政科副科长，研究方向为生态文明建设。

加快新时代文化强省建设

　　四川历史底蕴深厚，文化遗存璀璨，红色资源丰富，拥有建设新时代文化强省的独特优势。要坚持举旗帜、聚民心、育新人、兴文化、展形象，大力推动文化繁荣兴盛，为现代化建设提供强大的价值引导力、文化凝聚力、精神推动力。

　　——《高举习近平新时代中国特色社会主义思想伟大旗帜 团结奋进全面建设社会主义现代化四川新征程——在中国共产党四川省第十二次党代会上的报告》

　　深厚的历史底蕴、璀璨的文化遗存、丰富的红色资源，是四川建设新时代文化强省的独特优势，《巴蜀文化旅游走廊建设规划》为四川文化强省建设带来巨大机遇。为实现到 2025 年建成文化旅游强省，世界重要旅游目的地的目标，根据四川省第十二次党代会的报告精神，四川省将牢牢掌握意识形态工作领导权巩固文化强省根本，培育和践行社会主义核心价值观厚植文化强省沃土，统筹文化事业和文旅产业发展增强文化强省吸引力。

一、牢牢掌握意识形态工作领导权巩固文化强省根本

　　意识形态决定着一个国家、一个政党的性质，决定着举什么旗、走什么路这一根本问题。牢牢掌握意识形态工作领导权，建设具有强大凝聚力和引领力的社会主义意识形态，是新时代党和国家事业建设的重大战略任务，也是建设新时代文化强省的根本。

　　（一）坚持马克思主义在意识形态领域指导地位的根本制度

　　党的百年奋斗展示了马克思主义的强大生命力，马克思主义的科学性和真理性在中国得到充分检验，马克思主义的人民性和实践性在中国得到充分贯彻，马克思主义的开放性和时代性在中国得到充分彰显。当前社会主义与资本主义在制度、道路和意识形态的对比与碰撞愈加显著，更加需要坚持马克思主义在意识形态领域指导地位的根本制度。

深刻把握这一根本制度的本质规定和实践要求，巩固马克思主义在意识形态中的指导地位，坚定用马克思主义中国化最新成果统揽四川工作，切实把马克思主义指导地位贯穿到各领域，落实到各项工作和各个阵地。围绕这一根本制度完善意识形态工作的体制机制，加强新时代思想政治工作，确保全党统一思想、统一意志、统一行动，健全用党的创新理论武装全党、教育人民的工作体系。

（二）不断为建构中国自主的知识体系贡献四川智慧

2022 年 4 月 25 日，习近平总书记在考察调研中国人民大学时强调：加快构建中国特色哲学社会科学，归根结底是建构中国自主的知识体系。"中国自主的知识体系"，是新时代意识形态工作的"内容体系"。建构中国自主的知识体系，既是繁荣中国特色哲学社会科学的重要任务，也是中华优秀传统文化发展创新的必由之路。

为建构中国自主的知识体系，加快中国特色哲学社会科学学科体系、学术体系、话语体系建设贡献四川智慧，需要坚持把马克思主义基本原理同中国具体实际相结合、同中华优秀传统文化相结合，用马克思主义观察时代、把握时代、引领时代。吸收我国经济社会发展的理论和实践成果，立足四川文化资源和特色，关注和解决人民群众的"真问题""新问题""大问题"，"在总结中国经验、创新中国实践中不断提炼出具有中国特色、世界影响的标识性学术概念，推动重大学术成果国际化传播"[4]。

（三）打造传播积极健康网络文化的全媒体传播矩阵

党的十八大以来，以习近平同志为核心的党中央在文化建设上高度重视传播手段建设和创新，推动媒体融合发展，提高新闻舆论传播力、引导力、影响力、公信力。推动媒体融合发展是党中央着眼巩固宣传思想文化阵地、壮大主流思想舆论作出的重大战略部署，目标是构筑最可靠和最有效的"传播网络"，牢牢掌握网络舆论的主导权，占据舆论引导、思想引领、文化传承、服务人民的传播制高点。

四川省通过推进媒体深度融合，逐步构筑起"广播电视+网络、App、微信、微博+微信小程序、短视频等融媒体产品项目"的全媒体传播矩阵，打造线上线下"一公里生活圈"。健全网络综合治理体系，围绕中心、服务大局，打造出优质的引导群众、服务群众的主流舆论阵地、综合服务平台、社区信息枢纽，打通新闻宣传和服务群众的全媒体传播矩阵的"最后一公里"，传播和发展积极健康的网络文化。

（四）多渠道多声部传播中国声音、讲好四川故事

国际传播在意识形态工作中具有独特而重要的作用，信息时代的大国，国

内传播和国际传播的边界相对模糊，国际热点即时传播到国内，国内事件随时可能引发国际关注，国际传播网络与国内全媒体传播矩阵共同组成意识形态输出体系。

近年来四川省在对外传播中有许多成功案例，四川省、成都市、理塘县的宣传片成为国内外关注热点，四川省文艺创作发出四川文艺的强音，川籍导演声名鹊起，一系列深度挖掘、精心设计、鲜活展示四川形象、四川元素的作品呈现出中国形象中独特的四川魅力。李子柒等内容生产者的成功提升了四川对于全球新媒体用户的吸引力。省内各级融媒体积极回应国际社会关切，增进国际共识，主动、细致、精准地讲述四川故事，向世界清晰、系统地展现四川元素，让川剧、彩灯等"川字号"文化产品不断走出去。多渠道多声部传播中国声音，在世界上更好地展示中国的历史与现代、自然与人文。

二、培育和践行社会主义核心价值观厚植文化强省沃土

"坚持以社会主义核心价值观引领文化建设，着眼培养担当民族复兴大任的时代新人，把培育和弘扬社会主义核心价值观作为凝魂聚气、强基固本的基础工程。"[5]四川省在培育和践行社会主义核心价值观的过程中，通过涵养优秀文化、营造良好社会风尚和群众性精神文明活动，为四川文化强省建设提供丰沃的文化土壤，打下坚实的群众基础。

（一）用好红色资源，生动传播四川红色文化

红色是中国共产党、中华人民共和国最鲜亮的底色。红色资源是我们党艰辛而辉煌奋斗历程的见证，是最宝贵的精神财富，承载了中国共产党人的理想信念、党性观念、革命精神和优良传统，是培育和践行社会主义核心价值观最直接、最生动的教材。

习近平总书记强调：革命博物馆、纪念馆、党史馆、烈士陵园等是党和国家红色基因库。四川省数量众多的红色资源，为深化"四史"学习教育，赓续红色血脉提供了生动教材和现实课堂。随着《四川省红色资源保护传承条例》的颁布实施，长征国家文化公园（四川段）、中国共产党四川历史展览馆、四川革命军事馆等推进建设，全省红色资源的保护、利用、开发走向科学化、系统化、规范化，将更好地讲述四川红色故事，传播四川红色文化，发挥红色资源的教育功能。

（二）坚持弘扬新时代良好社会道德风尚

社会主义核心价值观的培育和践行需要整个社会增进认知认同、树立鲜明导向、强化示范带动，从而引导人们把社会主义核心价值观作为明德修身、立

德树人的根本遵循。

四川省大力弘扬爱国主义、集体主义、社会主义精神，加强烈士褒扬工作。扎实推进新时代公民道德建设，加强家庭、家教、家风建设，弘扬劳模精神、劳动精神、工匠精神，培养树立和学习宣传先进典型。进一步将国家、社会、个人层面的价值要求贯穿到道德建设各方面，以主流价值构建道德规范、强化道德认同、指引道德实践，从而弘扬民族精神和时代精神，形成良好的社会道德风尚，凝聚起中国力量的思想道德基础，促进物质文明与精神文明协调发展，全面推进建设中国特色社会主义伟大事业。

（三）持续深化群众性精神文明创建活动

社会主义核心价值观要被人民群众广泛了解、认同和践行，必须与群众性精神文明创建活动紧密结合。群众性精神文明创建活动是人民群众群策群力、共建共享改造社会、建设美好生活的创举，是提升国民素质和社会文明程度的有效途径和推进城乡基层治理的重要载体。

四川省将支持成都创建全国文明典范城市，继续深化"文明城市（城区）"创建、"文明村镇"创建、"文明单位（社区）"创建、"文明校园"创建、"文明家庭"创建，以及"新时代文明实践品牌"、"文明实践服务平台"、"优质志愿服务队伍"和公益广告阵地建设、文化共享平台建设，进一步发挥新时代文明实践中心作用，健全志愿服务体系。通过持续的群众性精神文明创建活动塑造广大人民群众改造环境、转变社会风气、建设文明生活的行为习惯，共创、共建良好社会环境，共享、共荣社会安定、团结、美好。

三、统筹文化事业和文旅产业发展增强文化强省吸引力

文化事业和文旅产业齐头并进为四川文化强省建设贡献不竭动力，三星堆等四川的重要文化和自然遗产、非物质文化遗产，以及古蜀文明、巴文化、三国文化、藏羌彝民族文化等独特的文化符号的高质量挖掘、保护、开发为文化强省建设增添无尽活力和吸引力。

（一）建设更高品质的现代公共文化服务体系

推动公共文化服务高质量发展，是实现好、维护好、发展好人民群众基本文化权益的主要途径，是坚定文化自信，推动文化强省建设的重要支撑。

《四川省公共文化服务保障条例》切实推动公共文化服务均衡发展、品质发展、开放发展、融合发展，提供更高质量、更有效率、更加公平、更可持续的公共文化服务。同时四川省公共文化服务突出四川色彩，根据成渝地区双城经济圈的发展需要，积极推进成渝地区双城经济圈公共文化服务一体化发展；

结合乡村振兴和乡镇区划、村级建制调整两项改革"后半篇"文章,健全城乡公共文化服务保障,丰富公共文化服务内容,统筹推进乡镇村两项改革"后半篇"文章中的公共文化阵地建设,打造城市"十五分钟文化圈"和农村"十里文化圈";注重衔接《四川省红色资源保护传承条例》《四川省三星堆遗址保护条例》等,将传承弘扬红色文化、古蜀文明、巴蜀文化、藏羌彝文化等纳入公共文化服务的内容。

（二）创新文化旅游发展促进文旅高质量融合

"十三五"时期,四川文化产业增加值从 2015 年 1 141.21 亿元增加到 2019 年的 1 844.28 亿元,年均增速 12.75%;旅游总收入则从 2015 年的 6 210.57 亿元增加到 2019 年的 11 594.32 亿元,年均增速 16.89%,为四川文化强省和旅游强省的建设奠定了坚实基础。

促进四川省文化事业、文化产业和旅游业三者融合发展,首先要将全省文化和旅游资源保护好、传承好,同时借助媒体融合对文旅融合的促进作用,提升四川省在文化和旅游方面的吸引力和区域形象。其次应发挥四川文物、自然文化遗产优势,重点发展文物旅游、世界遗产旅游;发挥四川省人文特色优势,大力发展乡村度假旅游;结合四川省旅游风景道路,拓展公路旅游,发展特色自驾游。最后创建国家级文化产业园区不断吸纳年轻富有创意的文化产业人才加入文化强省队伍,不断健全结构合理、门类齐全、科技含量高、富有创意、竞争力强的现代文化旅游产业体系,最终使传统历史文化得以传承发展并促进文化旅游深度融合链接更多业态。

（三）凸显巴蜀特色建设世界重要旅游目的地

巴蜀文化源远流长,是伟大中华文明的重要组成部分,是四川建设文化强省所依托的"底气"。建设世界重要旅游目的地,则要进一步凸显巴蜀特色,将四川的文化"底气"转化为强大的文化吸引力。

协同推进对巴蜀自然人文资源的挖掘、保护和开发。强化重要文化和自然遗产、非物质文化遗产系统性保护利用,重视重大考古发掘,支持创建三星堆国家文物保护利用示范区,高水平建设三星堆博物馆新馆。深化古蜀文明、巴文化、三国文化、藏羌彝民族文化等的研究阐释和创造性转化,做好新时代古籍工作。统筹利用稻城特有的天文科研、雪山生态、史前文化等资源,打造文化旅游新地标。

强化重要文化资源的输出和带动效应。通过加快建设大熊猫国家公园,营造大熊猫国际生态旅游线,生动刻画四川的文化文旅标志性 IP,带动"川字号"走出去。借助巴蜀文化旅游走廊,进一步带动沿线的文化旅游和经济社会发展，引领区域文化和旅游高质量发展，培育我国文化和旅游新发展空间，打造全国文化和旅游发展新增长极。

党的十八大以来，四川省"意识形态领域向上向好态势不断巩固。社会主义核心价值观全面践行，精神文明创建富有成效，文艺事业繁荣发展，公共文化服务能力和文化产业发展水平不断提升。三星堆和皮洛遗址等考古新发现影响广泛，九寨沟、大熊猫等文旅名片更加靓丽，天府旅游名县品牌效应日益凸显，文旅融合发展更加彰显了四川自然生态之美、多彩人文之韵"[3]。四川省将继续以新时代文化强省建设为目标，以不断满足四川和全国人民文化需求和增强人民精神力量为着力点，不断提供优秀文化产品和优质旅游产品，实现文化建设由"大"到"强"的根本转变。

参考文献

［1］中共中央关于党的百年奋斗重大成就和历史经验的决议［M］.北京：人民出版社，2021.

［2］习近平.在庆祝中国共产党成立100周年大会上的讲话［N］.人民日报，2021-07-02（2）.

［3］王晓晖.高举习近平新时代中国特色社会主义思想伟大旗帜团结奋进全面建设社会主义现代化四川新征程：在中国共产党四川省第十二次代表大会上的报告［N］.四川日报，2022-06-06.

［4］张建.建构中国自主的知识体系的四个维度［N］.光明日报，2022-06-20（15）.

［5］王晓晖.牢牢掌握意识形态工作领导权［N］.人民日报，2021-12-08.

作者简介

孙晓阳，女，中共泸州市委党校（泸州行政学院）马克思主义教研室副主任，副教授。

推进民主政治建设和全面依法治省

全面建设社会主义现代化四川，需要以民主凝聚力量、靠法治提供保障。要坚持党的领导、人民当家作主、依法治省有机统一，加强社会主义民主法治建设，巩固和发展新时代治蜀兴川安定团结的良好局面。

——《高举习近平新时代中国特色社会主义思想伟大旗帜 团结奋进全面建设社会主义现代化四川新征程——在中国共产党四川省第十二次代表大会上的报告》

民主和法治是人类文明进步的重要成果与基本标志。百年来，我们党领导中国人民在革命、建设、改革各个历史时期始终高扬人民民主的鲜明旗帜，矢志不渝地追求民主、发展民主，坚持不懈地探寻法治、建设法治，推动社会主义民主法治建设取得了历史性辉煌成就，积累了宝贵的历史经验。党的十九届六中全会明确提出，全党必须"发展全过程人民民主，保证人民当家作主，坚持全面依法治国"[1]。民主法治是推动高质量发展的重要保障、现代化建设的显著标志。全面建设社会主义现代化四川，推进民主政治建设和全面依法治省，对于巩固发展民主团结、生动活泼、安定和谐的政治局面具有重大现实意义。

一、瞄准目标定位，增强发展影响力

瞄准目标定位，有助于我们明确全面建设社会主义现代化四川的抓手和保障。立足新征程，推进民主政治建设和全面依法治省，以民主凝聚力量、靠法治提供保障，就是要在推进全过程人民民主中凝聚智慧和力量以提升发展凝聚力，就是要在法治建设中提升发展强动力和发展影响力。

（一）提升区域发展凝聚力，着力推进全过程人民民主凝聚智慧和力量

党的十九届六中全会把推进人民民主不断发展作为党百年奋斗的历史意义，把积极发展全过程人民民主作为党的十八大以来政治建设的成功经验。在中国共产党一百年奋斗历程中，人民民主是我们党始终高扬的光辉旗帜，凝聚

起了磅礴智慧和力量。民主是什么？习近平总书记强调："民主不是装饰品，不是用来做摆设的，而是要用来解决人民需要解决的问题的。"[2]全过程人民民主则是在积极回应人民群众的新要求新期盼中发展推进的，全过程的民主就是在政治生活中切实解决人民群众关心的事。结合四川现代化建设发展状况，提升区域发展凝聚力就是要把推进全过程人民民主摆在重要位置。"民主"是根本，要使人民当家作主更好地体现在国家政治生活和社会生活之中，扩大民主范围、丰富民主标准、拓宽民主路径；"全过程"是关键，要不断丰富和发展社会主义民主形式，通过一系列法律和制度安排，形成民主链条的完整闭环，形成全过程人民民主的完整架构。

（二）提升"双城"发展强动力，着力深入推进成渝地区双城经济圈法治一体化

成渝地区双城经济圈建设是习近平总书记亲自谋划、亲自部署、亲自推动的国家重大区域发展战略。《法治四川建设规划（2021—2025年）》重点突出了成渝地区双城经济圈法治一体化。成渝地区双城经济圈建设进入"快车道"，"双圈"协调发展涉及多个领域多种主体多方面合作，不仅需要两地"一条心""一盘棋"高度自觉协同推进国家战略实施，更离不开法治为其提供有力保障。提升"双城"发展强动力，就是要把法治作为推进成渝地区双城经济圈发展的重要抓手。为共唱"双城记"，建好"经济圈"，构建一体化法治环境、一体化平安环境、一体化服务环境夯基立柱。聚焦成渝地区双城经济圈建设"两中心两地"战略定位、结合区域发展定位和特色功能找准切入点、着力点、增长点，进一步部署成渝地区体系化的法治规划，厘清成渝地区双城经济圈协调发展的法治供给与需求关系，着力推进成渝地区双城经济圈立法协作、司法协作、法律服务协作，加强改革与法治实践进程的协调性，推动川渝法治合作向宽领域、全方位快步迈进，进一步提升"双城"发展向心力。

（三）提升西部发展影响力，着力推动经济社会持续健康发展

四川要打造新时代推进西部大开发形成新格局的战略高地，还需要夯实经济社会持续健康发展基础。如何正确处理发展与稳定的关系，如何用法治推动社会高质量发展，是全面建设社会主义现代化四川必须要回答的重大理论与实践命题。从整体来看，四川发展水平迈上新台阶，"一带一路"建设、长江经济带发展、新时代推进西部大开发形成新格局、成渝地区双城经济圈建设等国家战略深入实施，将进一步提升四川在全国大局中的战略位势。新使命，新征程，地处内陆深处的四川，正在西部崛起成为我们国家的一个新的增长极。必须要将四川各项事务纳入法治化轨道，通过法治打造发展环境新优势，以优化

营商环境为重点深化行政管理体制改革，以法治良序保障市场经济秩序；通过法治为改革保驾护航，实现四川发展提档升级，在法治轨道上实现和谐稳定、长治久安。

二、坚实民主基础，提升发展凝聚力

民主是实现社会和谐的重要条件。"发展社会主义民主政治就是要体现人民意志、保障人民权益、激发人民创造力，用制度体系保证人民当家作主。""要长期坚持、不断发展我国社会主义民主政治，积极稳妥推进政治体制改革，推进社会主义民主政治制度化、规范化、法治化、程序化，保证人民依法通过各种途径和形式管理国家事务，管理经济文化事业，管理社会事务，巩固和发展生动活泼、安定团结的政治局面。"坚实民主基础，就是要增强推动现代化四川建设的凝聚力。

（一）保证人民当家作主，坚持和完善人民代表大会制度

"人民代表大会制度是坚持党的领导、人民当家作主、依法治国有机统一的根本政治制度安排，必须长期坚持、不断完善。要支持和保证人民通过人民代表大会行使国家权力。"[3]坚持和完善人民代表大会制度，推动社会主义现代化四川再上新台阶，要健全民主选举制度，确保民主选举，选举出人民真正拥护、能依法履职的代表；支持和保证地方各级人民代表大会及其常委会依法充分行使职权；根据中央机构改革方案，结合四川实际，规范县级以上人大专门委员会和常委会工作机构设置；完善人大工作机制，健全人大常委会组成人员联系本级人大代表机制，健全监督机制、民生实事项目代表票决制、代表履职平台建设，充分畅通社情民意反映和表达渠道，保证人民当家作主。

（二）保障人民享有切实民主权利，推动协商民主广泛多层制度化发展

"加强协商民主制度建设，形成完整的制度程序和参与实践，保证人民在日常政治生活中有广泛持续深入参与的权利。"[3]加强社会主义民主法治建设，推动社会主义现代化四川建设再上新台阶，势必要准确理解新时代的协商民主，大力发展社会主义协商民主，充分发挥人民政协作为协商民主重要渠道和专门协商机构的作用，推动协商民主广泛多层制度化发展，支持和保障各民主党派、工商联和无党派人士有效参与政党协商、政协协商等各类协商活动[4]。要通过不断开展履职活动、优化服务管理、深化合作共事以充分发挥人民政协作为协商民主重要渠道和专门协商机构作用；要从加强协商民主制度建设、加强各协商渠道协调、深入拓展协商民主形式等层面推动协商民主广泛多层制度化发展。

（三）实现最广泛的团结和联合，巩固和发展爱国统一战线

统一战线是党的事业取得胜利的重要法宝，必须长期坚持。推动社会主义

现代化四川建设务必要将巩固和发展爱国统一战线作为重要抓手。要严格贯彻落实省委部署，提升新型政党制度效能，应从政党制度的主体建设入手，充分发挥民主党派作为参政党的积极作用，更好履行职能；加强党外代表人士队伍建设，构建"大统战"工作格局，不断巩固和壮大新时代四川爱国统一战线。四川涉藏地区的稳定事关全国大局稳定，要"坚持和完善民族区域自治制度，加强城市少数民族工作"，促进各民族和睦相处、和谐发展；全面贯彻党的宗教工作基本方针，既要全面推进，又要重点突破，积极引导宗教与社会主义社会相适应。

（四）扩大群众优势，构建联系广泛的群团工作体系

党的十九大报告提出，要增强群众工作本领，创新群众工作体制机制和方式方法，推动工会、共青团、妇联等群团组织增强政治性、先进性、群众性，发挥联系群众的桥梁纽带作用。做好群团工作对调动广大群众的积极性和创造性，更好地投身社会主义现代化四川建设具有不可替代的作用。要严格贯彻落实省委十一届三次全会通过的决定，充分发挥工青妇等群团组织作用，构建联系广泛、服务群众的新时代四川群团工作体系，建立健全群团工作机制，积极向党组织反映群众现实关切，从而使各项政策能更加真实反映和体现人民群众的诉求。

三、提供法治保障，增强发展软实力

法治是实现社会和谐的重要保障。从四川省情来看，立足新发展阶段，贯彻新发展理念，构建新发展格局，推动高质量发展，"需要更好发挥法治固根本、稳预期、利长远的作用"。加强社会主义民主法治建设，推动社会主义现代化四川建设再上新台阶，需要法治提供坚定支撑，增强推动社会主义现代化四川建设的法治软实力。

（一）积极适应经济社会发展的新形势，从法治上提供制度化方案

"要推动我国经济社会持续健康发展，不断开拓中国特色社会主义事业更加广阔的发展前景，就必须全面推进社会主义法治国家建设，从法治上为解决这些问题提供制度化方案。"[5]法治属于国家上层建筑的重要组成部分，必须服从和服务于社会经济基础和生产力发展的要求。依法治省，重在立法先行，要加强重点领域、新兴领域地方立法，完善保障高质量发展的法规制度，对各种社会关系予以确认、保护、规范和调整；用法治促发展，把经济社会发展纳入法治轨道，围绕成渝地区双城经济圈建设、区域协调发展等战略，着力夯实县域底部基础、做大市（州）法治经济梯队、做强区域法治经济板块；用法

治稳增长，出台促进民间投资、发展电子商务、优化营商环境等系列稳增长措施，以法治良序保障市场经济秩序，使法治成为培育四川新兴增长极的软实力。

（二）抓好法治政府建设示范创建，提升依法行政能力水平

民之所望，施政所向。习近平总书记强调："法治政府建设是重点任务和主体工程，要率先突破。"[6]用法治给行政权力定规矩、划界限，规范行政决策程序，加快转变政府职能。建成一个"职能科学、权责法定、执法严明、公正公开、廉洁高效、守法诚信"[7]的法治政府是四川启动全省法治政府建设示范创建的重点实践之一。各级行政机关要按照规划明确法治政府建设"路线图""施工图"，依据职权法定、简政放权的原则，履行职责、行使职权；"深入推进依法行政、加快建设法治政府，健全依法决策机制是其重要的内容之一"[7]；不断深化"放管服"改革，不断推进严格规范、公正文明的行政执法；持续深化全面推行政务公开，健全监督机制，倒逼推进依法行政，在推进法治政府建设工作上形成可复制、可推广的四川经验。

（三）紧扣深化政法领域改革，提高执法司法质效和公信力

改革出活力。"政法系统要在更高起点上，推动改革取得新的突破性进展。"[8]加快推进政法领域全面深化改革，对于做好新时代政法工作、不断谱写四川政法事业发展新篇章必将产生重大影响。在更高起点推进政法领域改革，提高执法司法质效和公信力，要稳妥推进政法机构改革，优化机构职能体系；持续深化司法体制综合配套改革，以专业化为导向，将员额制改革做精做细；完善司法责任追究机制，规范司法行为，堵塞廉政风险漏洞；深入推进以审判为中心的诉讼制度改革，持续深入推进刑事庭审实质化改革和规范刑事诉讼涉案财物管理处置改革试点运行；推进政法领域改革，就要通过改革给人民群众带来获得感，就要以制度支撑，用科技赋能，健全新型监管机制，回应人民群众对公平正义的新期盼；完善普惠均等、便民利民的政法公共服务体系，加快健全政务服务、诉讼服务、公共法律服务体系，在改革中不断增强人民群众的满意度。

（四）紧扣法治民生工程建设，纵深推进社会法治常态化

学习贯彻习近平总书记关于"坚定推进依法治理"重要指示，深刻把握推动社会主义现代化四川的法治保障，实现社会和谐、长治久安。一是要着力提升公民法治素养，深入推进"八五"普法规划和决议贯彻落实，加大全民普法力度，着力提升公民法治素养，持续增强全社会的法治观念；二是扎实推进天府中央法务区高质量建设发展，在全面转入"五年聚能"的中期建设阶

段，以法治软实力提升区域竞争力；三是扎实推进平安四川建设，加快实施"雪亮工程"，健全公共安全和社会治安防控体系，深入开展扫黑除恶专项斗争，依法打击和惩治各类违法犯罪活动，大力推进城市反暴恐体系建设；四是深入推进多层次多领域依法治理，不断提高社会治理的法治化水平，尤其是要不断加强民族地区法治建设，实现依法常态化治理，形成符合民族地区实际、具有四川特色的社会治理长效机制。

参考文献

［1］中共中央关于党的百年奋斗重大成就和历史经验的决议［M］. 北京：人民出版社，2021.

［2］习近平. 习近平谈治国理政：第二卷［M］. 北京：外文出版社，2017.

［3］习近平. 决胜全面建成小康社会夺取新时代中国特色社会主义伟大胜利：在中国共产党第十九次全国代表大会上的报告［M］. 北京：人民出版社，2017.

［4］中共四川省委关于深入学习贯彻习近平总书记对四川工作系列重要指示精神的决定（2018年6月30日）［N］. 成都日报，2018-07-02（5）.

［5］习近平. 关于《中共中央关于全面推进依法治国若干重大问题的决定》的说明［EB/OL］.（2014-10-28）［2022-12-22］. www.gov.cn/xinwen2014-10/28/content_2771717_4.htm.

［6］习近平在中央全面依法治国工作会议上发表重要讲话［EB/OL］.（2022-11-17）［2022-12-22］. www.gov.cn/xinwen2020-11/17/content_5562085.htm.

［7］中共中央关于全面推进依法治国若干重大问题的决定［M］. 北京：人民出版社，2014.

［8］习近平出席中央政法工作会议并发表重要讲话［J］. 党建文汇，2019（2）：9.

作者简介

汪晓莉，女，中共广元市委党校（广元行政学院）政治学教研部助理讲师。

深刻认识和把握纵深推进全面从严治党

全面建设社会主义现代化四川，关键在党、关键在人。要坚持和加强党的全面领导，认真落实新时代党的建设总要求，深入贯彻全面从严治党战略方针，把全省各级党组织和党员干部队伍建设得更加坚强有力。

——《高举习近平新时代中国特色社会主义思想伟大旗帜 团结奋进全面建设社会主义现代化四川新征程——在中国共产党四川省第十二次代表大会上的报告》

2022年6月17日，中共中央政治局就一体推进不敢腐、不能腐、不想腐进行第四十次集体学习，习近平总书记在主持学习时强调，在各个历史时期，党坚持严于管党治党。进入新时代，我们就推进反腐败斗争提出一系列新理念新思想新战略，把全面从严治党纳入"四个全面"战略布局，探索出依靠自我革命跳出历史周期率的有效途径。迈步社会主义现代化四川建设新征程，我们需要深刻认识全面从严治党的重大意义，坚持以党的政治建设为统领，把全面从严治党向纵深推进，为推进治蜀兴川再上新台阶提供坚强的政治保证与组织保证。

一、纵深推进全面从严治党的重大意义

党的十八大以来，以习近平同志为核心的党中央根据新的历史条件下党的建设面临的新情况和新问题，对管党治党做出新的重大部署，取得了显著成效，大大提高了党的战斗力。

（一）继续丰富与发展马克思主义党建理论

从从严治党到全面从严治党的变化，就是把握党的建设内在规律所提出的管党治党新要求。全面从严治党，核心是加强党的领导，基础在全面，关键在严，要害在治。这是习近平总书记对全面从严治党核心要义和内在逻辑的深刻阐述。加强党的领导，是我们各项事业取得成功的根本保证，是马克思主义建党学说的一贯要求，所以，全面从严治党要始终围绕这一核心目标任务来进

行，这也是全面从严治党最根本的政治意义所在。习近平总书记关于全面从严治党一系列重要论述中的新论断和新要求，进一步丰富发展了马克思主义建党学说。如强调把党的政治建设摆在首位，并以党的政治建设统领整个党的建设；强调坚定理想信念是终身课题，提出新时代党的组织路线，强调要以"踏石留印、抓铁有痕"的劲头坚持不懈抓作风建设，强调必须把纪律挺在前面，指出加强党内法规制度建设是全面从严治党的长远之策、根本之策，强调腐败是执政党面临的最大威胁等，这些重要论断和要求为纵深推进全面从严治党提供了重要遵循。

（二）坚持跳出"历史周期率"的第二个答案

全面从严治党是新时代党进行自我革命的内在要求，党始终以坚强的自我革命引领伟大社会革命，为跳出"历史周期率"提供了第二个答案。毛泽东同志在民主革命时期就指出，房子是应该经常打扫的，不打扫就会积满了灰尘；脸是应该经常洗的，不洗也就会灰尘满面。我们同志的思想，我们党的工作，也会沾染灰尘的，也应该打扫和洗涤。相比较"让人民监督政府"的第一个答案，坚持自我革命的第二个答案更加体现了百年大党的高度自觉性与崇高行动价值。一百年来，中国共产党在历史上一贯重视从严管党治党，重视加强党内的思想教育、组织管理、纪律约束以及作风要求，以此锻炼一支忠诚干净担当的高素质干部队伍，不断推动党的事业向前发展。

（三）为建设现代化四川提供根本保证

党的十八大以来，根据新时代中国特色社会主义事业发展的内在要求，党中央明确提出伟大斗争、伟大工程、伟大事业、伟大梦想，其中伟大工程是起根本保证作用的。全面从严治党，目的就是不断提高党的领导能力与执政水平，就是让这种保证作用得到更为充分的体现和发挥，确保"自身硬"。四川省第十二次党代会报告强调，全面建设社会主义现代化四川，关键在党、关键在人。全省各级党组织要深入贯彻全面从严治党战略方针，为加快建设社会主义现代化四川提供最根本保证。

二、纵深推进全面从严治党的时代要求

把握新发展阶段、贯彻新发展理念、构建新发展格局，势必要进行许多具有新的历史特点的伟大斗争。那么，坚持和完善党的领导、凸显管党治党政治效能、始终保持党的先进性和纯洁性，这是纵深推进全面从严治党的基本遵循。

（一）严守党的政治纪律和政治规矩

遵守党的政治纪律和政治规矩是党员干部最起码、最基本、最重要的要求。严守党的政治纪律和政治规矩是对党员干部党性的重要考验，是对党员干部对党忠诚度的重要检验。党的纪律是刚性约束，政治纪律更是广大党员干部在政治方向、政治立场、政治言论、政治行动方面必须遵守的刚性约束。每个党员干部都要自觉遵守党章，用党的纪律、党的要求来规范自己的一言一行，决不搞团团伙伙、拉帮结派，决不能自行其是、阳奉阴违，决不可自由散漫、目无组织。在任何情况下都要做到政治信仰不变、政治立场不移、政治方向不偏，在思想上、政治上、行动上坚定自觉地同以习近平同志为核心的党中央保持高度一致，始终做到对党绝对忠诚。

（二）全面加强党的基层组织体系建设

四川省第十二次党代会报告强调，要全面加强党的基层组织体系建设。具体包括：其一，要推进党的组织和工作全覆盖。党的力量来自组织，党的组织工作是巩固党的执政基础、实现党的全面领导、完成党的全部工作的重要保证。要与时俱进，统筹推进各领域基层党组织建设，抓好新业态新就业群体党建工作，有形有态推进党的组织和工作全覆盖。其二，要加强基层党组织的规范化建设。基层党组织建设是一项牵涉面广、工作量大、复杂艰巨的系统工程，标准化、规范化建设是推动基层党建工作的有力举措。应从党员教育管理、党内组织生活、服务保障机制、考核评价体系等方面入手，推进党组织标准化建设，并以标准化建设为契机不断强化基层党组织的政治功能和服务功能。其三，要认真开好民主生活会和组织生活会。坚持民主生活会和组织生活会制度，必须充分发挥党员领导干部示范带头作用，基层党组织要严格依照程序和规范要求，切实做好会前征求意见、交心谈心，会上查摆问题、对照检查，会后整改落实等各个重要环节工作。其四，要选好管好基层党组织书记。支部强不强，关键看班长。实践证明，选好一个人，就能带好一班人。抓好基层党组织书记带头人队伍建设，要贯彻从严治党方针，严格要求、严格管理、严格监督。其五，要增强政治功能和组织力凝聚力。要认真落实"坚持用习近平新时代中国特色社会主义思想武装全党"，要求全党同志必须自觉在政治立场、政治方向、政治原则、政治道路上同以习近平同志为核心的党中央保持高度一致，围绕党中央重大决策部署谋划和推进工作。

要着力落实后继有人这个根本大计。为政之要，唯在得人。一个政党、一个国家，能不能不断培养出优秀领导人才，在很大程度上决定着这个政党、这个国家的兴衰存亡。四川省第十二次党代会报告强调，实施年轻干部红色薪火工程，统筹使用各年龄段干部，抓好女干部、少数民族干部、党外干部工作，源源不断培养选拔高素质专业化干部。做好发展党员和党员教育管理工作，源源不断把各方面先进分子特别是优秀青年吸收到党内来。满腔热忱做好老干部工作，扎实做好关心下一代工作。深入实施新时代人才强省战略，加快建设创新人才集聚高地，全方位培养引进用好人才，源源不断把各方面优秀人才汇聚到新时代治蜀兴川事业中来。

（三）坚决打好反腐败斗争攻坚战持久战

当前，反腐败斗争取得压倒性胜利并全面巩固，但形势依然严峻复杂。我们对腐败的顽固性和危害性绝不能低估，必须将反腐败斗争进行到底。未来五年，要始终保持严的主基调不放松，持续深化不敢腐、不能腐、不想腐一体推进，有案必查、有腐必惩，精准有力削减存量，千方百计遏制增量，巩固拓展反腐败斗争压倒性胜利。

其一，要坚持新时代反腐败斗争的重要经验。这些经验包括构建起党全面领导的反腐败工作格局、把治本寓于治标之中、始终坚持严的主基调不动摇、扎紧防治腐败的制度笼子、构筑拒腐防变的思想堤坝、加强对权力运行的制约和监督等方面。其二，要持续深化"三不"一体推进。一体推进不敢腐、不能腐、不想腐，必须三者同时发力、同向发力、综合发力，把不敢腐的强大震慑效能、不能腐的刚性制度约束、不想腐的思想教育优势融于一体，用"全周期管理"方式，推动各项措施在政策取向上相互配合、在实施过程中相互促进、在工作成效上相得益彰。其三，要加强新时代廉洁文化建设。全面从严治党、推进反腐败斗争，必须从领导干部特别是高级干部严起。用廉洁文化滋养身心，领导干部要在营造风清气正的政治生态、形成清清爽爽的同志关系和规规矩矩的上下级关系、坚持亲清政商关系、营造向上向善的社会环境等方面带好头、尽好责。其四，要坚持"三个区分开来"。2018年党中央印发的《关于进一步激励广大干部新时代新担当新作为的意见》，明确党组织应当建立激励机制和容错纠错机制，宽容干部在工作中特别是改革创新中的失误错误，旗帜鲜明为敢于担当的干部撑腰鼓劲。《党员权利保障条例》第33条中明确了"三个区分开来"的具体内涵，对党员在工作中的失误错误，要正确把握、公正处理，保护党员干部勇于担当作为的积极性。各级党组织应当抓住"为公"和"谋私"的根本差异，对明知故犯和无心之过、肆意违规和改革失误、蓄意谋私和因公差错等区别处理，做到敢纠错真容错、讲政策分善恶，让好干部更加自律奋进，让怕担当的干部承担责任，让犯错误的干部迷途知返，让受诬陷的干部得到澄清，让不收敛的干部难逃惩处，纪法情理贯通融合，树立干事创业正确导向，激励党员为党和人民多作贡献。

（四）大力弘扬密切联系群众优良作风

密切联系群众是党的优良传统和作风，大力弘扬这一传统和作风，必须在减轻群众负担和提高服务能力方面下功夫。其一，要提高政治站位，深刻认识形式主义官僚主义问题的严重危害性。要切实提高政治站位，时刻对照习近平新时代中国特色社会主义思想要求，自觉对照党章党规，自觉践行根本宗旨，弘扬优良作风，真抓实干和推动发展。其二，要增强监督观念，大力提升基层监督质效。比如要健全基层监督考核机制，探索出台乡镇（街道）纪检监察机构监督管理办法，规范工作流程，建立定期报告、述职述廉、工作台账等机制细化制度内容，强化内部监督。创新监督方式，优化监督架构，从解决群众痛点难点焦点问题入手，聚焦基层公权力运行的关键领域和薄弱环节，研究出台推进乡镇（街道）纪检监察组织与村（居）务监督委员会有效衔接的工作方案，确保基层监督工作依法依纪依规和高效务实。其三，要创新方式方法，坚持走好网上群众路线。过不了互联网这一关，就过不了长期执政这一关。"知屋漏者在宇下，知政失者在草野。"网民来自老百姓，老百姓上了网，民意也就上了网。习近平总书记多次要求，各级党政机关和领导干部"经常上网看看，潜潜水、聊聊天、发发声"。其四，要改善考评方式，健全政绩考核评价体系。构建科学有效的干部考评标准应体现普遍要求和岗位职责结合、定性和定量结合、主观努力和客观条件结合、执政绩效与执政成本结合等要求。考评干部政绩本身不是目的，只有充分运用考评结果，才能激发广大干部的工作热情，必须同时健全相关成果运用机制。

三、纵深推进全面从严治党的制度保障

党的十八大以来，我们继承和发展马克思主义建党学说，总结运用党的百年奋斗历史经验，深入推进管党治党实践创新、理论创新、制度创新，对建设什么样的长期执政的马克思主义政党、怎样建设长期执政的马克思主义政党的规律性认识达到新的高度。在建设社会主义现代化四川的新征程中，纵深推进全面从严治党必须强化制度保障，不断提高管党治党的制度化规范化水平。

（一）坚持民主集中制

习近平总书记指出，坚持民主集中制是保证党的创造力、凝聚力、战斗力和保证党的团结统一的重要法宝。党的十八大以来，我们党坚持把民主集中制作为党的根本组织原则，团结一心、步调一致，解决了许多长期想解决而没有解决的难题，办成了许多过去想办而没有办成的大事，推动党和国家事业取得历史性成就、发生历史性变革。坚持民主集中制，就要健全和认真落实民主集中制的各项具体制度，促使各级党员干部按照民主集中制办事，形成又有集中又有民主、又有纪律又有自由、又有统一意志又个人心情舒畅的生动活泼的局面。

党历来高度重视发扬民主，在作出重大决策前广泛听取意见和建议，做到科学决策、民主决策、依法决策。面对复杂形势和诸多挑战，全省各级党委政府应严格执行民主集中制。一方面，要认真听取各方面意见建议，让决策更科学、更贴近实际、更符合规律，从而更好地造福于民；另一方面，要善于集中。各级领导干部要善于在集中正确意见的基础上，做到统一认识、统一政策、统一计划、统一指挥、统一行动，从而保持步调一致，将凝聚起来的智慧付诸实践，取得实实在在的发展成效。特别需要强调的是，开展严肃认真的党内政治生活，是解决问题的"金钥匙"，也是推动党员干部坚持民主集中制的重要手段。

（二）落实重大事项请示报告制度

请示报告制度是加强党的政治建设的重要制度，也是我们党的一项重要政治纪律、组织纪律、工作纪律，是执行民主集中制的有效工作机制，对于坚决维护习近平总书记党中央的核心、全党的核心地位，坚决维护党中央权威和集中统一领导，保证全党团结统一和行动一致等具有重要意义。党中央制定出台《中国共产党重大事项请示报告条例》，有利于推动全党上下更加坚决地贯彻执行这项重大制度，进一步提高请示报告工作制度化、规范化、科学化水平。

获取真实情况是党组织正常开展工作的重要保证，事关党的事业兴衰成败，事关人民群众的根本利益。为此，全省各级领导机关和领导干部不得以任何理由和名义纵容、唆使、暗示或强迫下级说假话。要把执行请示报告制度作为"两个维护"的实际行动，更加坚定自觉地维护以习近平同志为核心的党中央定于一尊、一锤定音的权威。要把执行请示报告制度作为检验党员能力水平的试金石，更好地把履职尽责、担当有为的导向树起来。要把请示报告和履职尽责统一起来，严格规范程序，既牢记授权有限，该请示的必须请示，该报告的必须报告，又牢记守土有责，该负责的必须负责，该担当的必须担当。

（三）精准规范运用"四种形态"

四川省第十二次党代会报告指出，要坚持预防在先、抓早抓小，精准运用"四种形态"。"四种形态"作为新时代全面从严治党的政策创新和制度创新，强调的是依规依纪依法，将"严"的主基调长期坚持下去，一以贯之全面从严；作为策略和方法，强调的是分类施治、分层施策，精准把握适用形态，实现政治效果、纪法效果、社会效果相统一。要坚持严管厚爱结合、激励约束并重，综合考虑事实证据、思想态度和量纪执法标准，做到宽严相济、精准得当。对于问题轻微、真心悔错改错的充分运用第一种形态予以批评教育帮助，对于问题严重的运用第二种形态予以处理，对于问题严重且屡教不改的至少要运用第三种形态予以严肃处理，对于严重腐败的则要运用第四种形态严厉惩治。无论运用哪一种形态，实事求是都是前提和基础。

精准运用"四种形态"，要注意把握好和"三个区分开来"之间的制度界限。十九届中纪委五次全会指出，要深化运用"四种形态"，坚持"三个区分开来"，做到早发现早提醒、真容错敢纠错、讲政策给出路。"三个区分开来"适用于为公做事但出现失误的情形，"四种形态"处理的是违纪违法和腐败问题，"为公"还是"为私"是最大的分水岭。全省纪检监察机关要敢于担当、积极履职，既严格执纪执法，让违纪违法者受到应有处理，又要积极落实"三个区分开来"要求，保护干部干事创业的积极性。

（四）落实直接联系服务群众制度

党员干部直接联系群众制度，是指党员干部直接而非间接地与群众接触，直接进行信息和情感的互动交流，从而了解群众的需求，反映群众的愿望，解决群众的困难，维护群众的利益，然后形成措施并固化提升的制度。习近平总书记多次强调，保持党同人民群众的血肉联系是一个永恒课题，作风问题具有反复性和顽固性，必须经常抓、长期抓，特别是要建立健全促进党员、干部坚持为民务实清廉的长效机制。密切联系群众，要靠自觉，更要靠制度。党的十八届三中全会在部署"健全改进作风常态化制度"中进一步提出"完善直接联系和服务群众制度"。实践证明，党员干部直接联系群众制度是我们党忠实践行根本宗旨和群众路线、始终保持党同人民群众血肉联系的制度保障，是改进党员干部作风的必然要求，也是实现中华民族伟大复兴中国梦的重要途径，要真正让这一制度管得住、用得好、有实效。

坚持和完善党员干部直接联系群众的制度，要从健全联系和服务群众的配套制度入手，实现联系服务群众的常态化与长效化。其一，要建立完善信息收集机制，建立健全调查研究、民主恳谈征集意见、重大事项民主听证、重要决策调研论证等机制，建立畅通有序的诉求表达机制，搭建多种形式的沟通平台，及时了解和掌握人民群众最关心、最直接、最现实的利益问题。其二，要创新党员直接联系群众方式方法，根据不同的联系服务对象和不同的目标任务，采取专题调研、座谈会、明访、暗访、遍走、遍访、走访慰问、跟踪回访、现场办公等方式进行联系，并建立领导干部基层联系点和信访接待日等。其三，要建立服务群众台账制度、首问负责制度和限时办结制度等配套工作制度，使党员干部尽可能零距离接触群众，尽可能近距离为群众办事，尽可能把人民群众的问题和矛盾消除在萌芽状态。其四，要建立健全党员干部志愿服务制度、结对帮扶困难群众制度等矛盾化解相关制度，促使广大党员干部设身处地帮群众解决实际困难。

参考文献

[1] 王晓晖. 高举习近平新时代中国特色社会主义思想伟大旗帜 团结奋进全面建设社会主义现代化四川新征程：在中国共产党四川省第十二次代表大会上的报告（2022 年 5 月 27 日）[N]. 四川日报，2022-6-6.

[2] 中共中央关于党的百年奋斗重大成就和历史经验的决议 [M]. 北京：人民出版社，2021.

作者简介

郭祎，男，中共四川省委党校（四川行政学院）党建教研部副主任，教授，博士。